局外人
越轨的社会学研究

[美]霍华德·贝克尔 著

张默雪 译

Outsiders

Studies
in
the
Sociology
of
Deviance

上海人民出版社

有时候我并不太确定谁有权利去评判一个人是不是疯子。有时候我认为没有纯粹疯癫或纯粹理智的人，只有当人们倾向于这么认为时才是如此。就像一个人做了什么并不那么重要，重要的是多数人如何看待他的行为。

　　　　　　　　　　　　——威廉·福克纳:《我弥留之际》

目录

"局外人"贝克尔的《局外人》

Remember to let her into your heart

Then you can start to make it better

So let it out and let it in

——甲壳虫乐队:《嘿, 朱迪》

霍华德·S.贝克尔是当代社会学界谜一般的人物。他曾获美国社会学会终身成就奖, 这几乎是美国社会学家可以获得的最高荣誉。他还曾当选为社会问题学会会长, 这同样是青史留名的荣誉。他的《局外人》高居国际社会学会选出的 20 世纪百大著作第 31 名, 问世至今从未绝版。然而, 这样一位名满天下的学者在社会学界却是一个数得着的异类。他虽不乏"顶刊"论文, 投稿却屡屡被拒。他在名校教书, 却没几个人能说得出他教出了哪些大牌的学生。他在社会学界无人不知, 他的理论和方法取向却从未成为主流。他倡导清晰朴实、言之有物的文风, 新一代学者却往往以艰深晦涩、炮制术语为时尚。他做研究的方法再简单不过, 今日的"顶刊"论文却充斥着令人炫目的公式和图表。他研究音乐和吸毒者，将音乐而非社会学视为自己的主业，甚至毫不讳言自己吸毒的经历，这更是令我们这些等闲之辈难以仿效。可以说，贝克尔本人就是美国社会学的"局外人"。

《局外人》以令人印象深刻的一段话开篇：

所有社会群体都有自己的规则，并尝试在特定的时间以及情形之下执行这些规则。这些规则会对各种情境和相应的行为种类作出定义，将其中一些行动认为是正确的，而将所禁止的另一些视为错误的。当特定规则得以执行之后，被认为违反了规则的那个人就会被群体视为一种特别的人，一个被认为无法遵循群体所制定的规则生活的人。他就被视为**局外人**。

作为老师，我曾不厌其烦地将这段话推荐给我的研究生，因为这是值得我们所有人学习的写作范本。深刻的思想从不需要晦涩的语言来掩饰。简洁有力，拒绝故弄玄虚，却在质朴无华的语言中传递出深刻的社会学思想，这是《局外人》的独特魅力。关于这本书的学术思想，我在这里简单说两点。

首先，《局外人》是符号互动论的杰作。芝加哥社会学派先驱 W.I. 托马斯（W.I. Thomas）曾有一句名言："如果人们将情境定义为真实，那么它们的结果就是真实的。"这至今仍是符号互动论最重要的理论主张。此处的关键在于，人们的选择和行动并不是基于研究者在内的他人的思维方式，而是基于他们自己对其眼中世界和自我的理解方式。符号互动论发端于 20 世纪早期的芝加哥大学。不同于当时已经蔚为大观的心理学研究，符号互动论将自我置于社会互动中来考察。受实用主义哲学的影响，乔治·赫伯特·米德（George

Herbert Mead）强调行动时所发生的实际状况，认为行动者总是在积极寻求解决自身遇到的实际问题，并在其特定的社会情境下寻求创造；自我绝非一个静止的、孤立的客体，而是始终处于活跃的反思状态，始终在观察周边的事态并调整自身的策略，因此自我是社会互动的产物——我们对自身的理解始终受到我们所理解的他人反馈的影响，我们不断与我们自己进行对话，并在这个过程中审视和评估自我。社会学家常说自己是研究社会的，但如果不做进一步说明，这种说法就没有任何实质性意义。贝克尔睿智地指出，社会学家研究的对象其实是集体行动，因为人的行动总是发生在特定的社会情境中——即使一个人关起房门干鬼鬼祟祟的勾当，他同样在行动的同时关注他人过去、现在和未来的所作所为以及可能的反应，并据此调整自己的行动策略。贝克尔反复告诫我们，无论是大麻吸食者还是舞曲音乐人，从这些"局外人"本身的特质来定义他们或预测他们的行动是徒劳无益的，因为这些人的特质恰恰来源于他们与其他人的关系。以越轨者为例，统计分析是研究越轨最常见的手段，但它的基本思路是将有别于寻常状态（往往以平均值测量）的人和事物视为偏差，因此势必将许多越轨者排除在外，同时将许多未违反规则的人包括在内。另一种方式是将越轨行动加以病理化处理，但一方面，我们很难找到众口一词的判定标准；另一方面，病理标准往往随着时间的推移而发生重大变动。在这方面，我们已经有了大量关于自闭症、抑郁症以及其他精神疾病的社会学研究。另一个例子是种族。黑人和白人如何区分？这似乎是个不言自明的问题，但一旦我们深入历史的细节，问题就会越来越复杂。比如，直到20世纪上半叶，意大利裔在美国一直被视为有色人种。因此，在贝克尔看来，族群只有一个可靠的判定标准，那就是群体内部的人自认为是一个族群，同时外部的人也认为他们是与自己不同的族群。

我在写博士论文时同样遇到这个问题。我想知道中国最知名的知识分子是以什么标准将自己划入某某"主义"的阵营，但当我采访他们时，却发现即使被贴上同一标签的知识分子，对这一标签的定义都是相互矛盾的。我意识到，当倾听一个知识分子谈论自己的立场时，我必须知道他心里所想的对立面是什么，因为抛开参照群体谈论他们的主张是没有意义的。回到越轨的例子，贝克尔并不是在通常的意义上要求我们探究越轨行动的社会起源，而是敦促我们关注"越轨者"这一标签本身。在他看来，不是越轨定义了行动，而是行动定义了越轨。换言之，真正值得关注的不是什么人越轨，而是为什么一个社会中占主导地位的人要给另一些人贴上"违规"或"越轨"的标签，这种贴标签行为的后果又是什么。

其次，《局外人》展现了过程社会学的精髓。虽然黑格尔、马克思、阿尔弗雷德·诺思·怀特海（Alfred North Whitehead）等哲学先贤对社会过程有过深刻的论述，但除了格奥尔格·齐美尔（Georg Simmel）、查尔斯·霍顿·库利（Charles Horton Cooley）、赫伯特·布鲁默（Herbert Blumer）、诺贝特·埃利亚斯（Norbert Elias）、查尔斯·蒂利（Charles Tilly）、安德鲁·阿伯特（Andrew Abbott）等少数学者，社会学向来重结构而轻过程。在理论层面，社会学的"静态化"在塔尔科特·帕森斯（Talcott Parsons）的社会系统那里达到顶峰，承担不同功能的 AGIL 子系统将结构功能主义的静态均衡展现得淋漓尽致。在方法层面，基于变量的回归分析早已成为社会学的标准手法，量化学者们费尽心力用一个又一个建立在均值基础上的自变量来预测因变量。贝克尔反其道而行之，强调越轨是一个社会过程，是行动者与其回应者之间互动的过程。首先，越轨往往始于违反某种规则的行动，而且往往是非蓄意的违反行动——并非越轨动机导致了越轨行动，而是越轨行动引发了越轨动机——这其中涉及行动者让自己降低甚至消解对规则的敏感性的过程，或者说，行动者在与其他越轨者的互动过程中习得特定越轨活动的亚文化。其次，尽管有一些越轨者渴望被他人发觉，但大量越轨者在越轨初期会进行某种形式的自我惩罚。再次，一旦越轨行动被他人发现，越轨者会被贴上各种负面标签，他人会以类似于平均值的普遍思维方式来看待越轨者，这很可能导致越轨行动的持续，使越轨者发展出非法的例行生活，直至达到越轨生涯的最后一步，也就是加入有组织的越轨群体。当一个越轨者发现自己的所有朋友都是同一越轨行动的参与者时，他就知道自己再也没有退路了。在足以称为传世之作的第三章《成为大麻吸食者》中，贝克尔基于深入的田野工作，指出对于大多数初次尝试者来说，吸食大麻并不是特别愉悦的经历——他们是学会享受大麻的！这些越轨者通过与其他大麻吸食者的互动，一步一步学会吸食大麻的技巧，一步一步学会如何体验大麻所带来的快感，一步一步学会享受大麻的药效。其实，何止是越轨，我们日常生活中的许多现象都可以从社会过程的角度加以分析。我的老师黛安娜·沃恩（Diane Vaughan）在《分手：亲密关系的转折点》(*Uncoupling：Turning Points in Intimate Relationships*）中告诉我们，"分手"是一个情侣双方以及相关他人相互协商的社会过程，这一过程始于看似微不足道的单方秘密；在充满了偶然和意外的过程中，情侣们一步一步走向分手。事后看来，一切似乎从一开始就已注定，但对于当事人来说，这却是一个爱恨交加、追悔莫及的过程。

贝克尔于2023年8月16日去世，社会学界失去了最有灵气的一位学者，他所代表的那种摸爬滚打于街头、出入于市井之间的社会学家早已不是学界的主流。那么，今天读《局外人》还有什么意义？在我看来，关键不在于具体的论点，而在于它所代表的视角。

正如贝克尔反复提醒我们的，我们之所以有太多糟糕的研究，原因并不在于具体的研究技术或理论，而在于做研究的视角；如果转换视角，我们往往会有焕然一新的发现。《局外人》的意义正在于，它让我们知道原来还可以这样做研究，社会学还可以具有如此的想象力。

李钧鹏

华中师范大学社会学院教授、*International Sociology Reviews* 主编

2024 年 2 月 2 日于武汉

致　谢

本书的其中四个章节在最初发表时与现在略有不同。第三章曾发表在《美国社会学杂志》(*American Journal of Sociology*) 1953 年 11 月号，第五章则刊于该期刊 1951 年 9 月号。这两篇论文作为章节收入本书已经得到《美国社会学杂志》以及芝加哥大学出版社惠允。曾发表在《人类组织》(*Human Organization*) 1953 年春季号中的第四章在此处的再版也得到了应用人类学学会的许可。第六章最初刊于《社会问题》(*Social Problems*) 1955 年 7 月号，同样，这次用于本书也得到了社会问题研究学会的许可。

第三章和第四章最早是我在芝加哥大学社会学系就读时的硕士论文内容，这两章的撰写是在埃弗里特·休斯（Everett C. Hughes）、劳埃德·沃纳（W. Lloyd Warner）以及哈维·史密斯（Harvey I. Smith）的指导下完成的，同时丹·洛蒂（Dan C. Lortie）也曾对论文的草稿给予了中肯的意见。

第五章和第六章基于我作为芝加哥麻醉品调查项目的研究员时的资料写出，这项调查当时由芝加哥地区项目公司组织进行，并得到了美国国家心理卫生研究所的资助。哈罗德·芬斯通（Harold Finestone）、埃利奥特·弗赖森（Eliot Freidson）、欧文·戈夫曼（Erving Goffman）、所罗门·科布林（Solomon Kobrin）、亨利·麦凯（Henry Mckay）、安塞尔姆·施特劳斯（Anselm Strauss）以及理查德·沃尔（R. Richard Wohl）都对这两章的前几稿提出了批评。

我感谢乔纳森·卡普（Jonathan Karp）在我提出出版新版《局外人》时慧眼识珠，也感谢梅根·霍根（Megan Hogan）在项目中展现出精湛高效的编辑指导能力，当然也感谢弗雷德·蔡斯（Fred Chase）的文字编辑工作。

2018年新版前言

　　《局外人》的初版是在 1963 年。十年后的再版又增添了一个新章节。自那时起，时间从未停滞，社会学也日久弥新。但我还是决定让本书保持它原有的结构不作改动，只是试图增加章节以说明一些随时代变迁而出现的新问题。因此，新增的部分名为"四十五年后：一些新问题"。

　　事实上，两个全新的章节也只是在探讨两个新问题。自 1963 年起，《局外人》一直被反复阅读，并被用作教材：究竟是什么让它经久不衰？这样一个问题让我们去思考大学是怎么运作的，以及它们如何受到其所招录的师生的影响。这样的疑问也将我们带回到 20 世纪 60 年代，回到人们当时对越战的反应。说得更地域化一些，例如发生在肯特州立大学或是芝加哥民主党总统提名大会上的枪击案，以及师生招录上的一些更为细微的变化。

　　第二个新问题则涉及自《局外人》出版后出现的一个主要文化变迁：大麻的合法化。在 20 世纪 50 年代初，当我进行大麻吸食行为的研究时，有两点是毋庸置疑的：大麻是官方认定的违禁品；大

1

麻的吸食在美国的任何地方和其他国家都是一项犯罪。但有关大麻的执法行为却主要针对少数种族或少数族裔。当地警察和联邦官员把主要关注点放在构成严重犯罪的毒品上，例如少数族裔聚集区的海洛因吸食行为。中产和上层阶级的大麻吸食者则极少遭遇警方执法，除非他们反常性地缺乏警惕（并且，我们不能忘记的是：美国的许多地区都有野生大麻，许多吸食者在路边就能"找到"、采摘这种植物，然后带回家将其转化为可轻易吸食和享用的物品）。

五十年过去了，美国有许多州和地方的法院将医用大麻合法化，其中一些地区甚至合法化了大麻的娱乐性使用。时过境迁，公共领域里似乎任何事都可能实现。尽管如此，公共和立法领域里仍很少出现如此巨大的变化。

常有人会对我说，是我让大麻的合法化得以实现，并祝贺我说，这正说明了社会学的作为。这样的事，要比我预想的发生得多。我欣然承认自己在这巨大变迁中的功劳，但我不仅是一名社会学家，也是一名坚信所有论断都需要依据的社会学家。而我知道那依据并不存在。因此，本书第二个新章节的标题为"为什么我不是大麻合法化的原因"。

第一章　局外人

所有社会群体（social groups）都有自己的规则，并尝试在特定的时间以及情形之下执行这些规则。这些社会规则会对各种情境和相应的行为种类作出定义，将其中一些行动认为是正确的，而将所禁止的另一些视为错误的。当特定规则得以执行之后，被认为违反了规则的那个人就会被群体视为一种特别的人，一个被认为无法遵循群体所制定的规则生活的人。他就被视为**局外人**。

但是，被贴上局外人标签者可能对此有不同看法。他可能并不认同这种判断所依据的规则，或者认为判断者不能也无权对他作出评判。于是这也就有了局外人的第二层涵义：那些违反规则者会将那些判断者视为**局外人**。

这个具有双重涵义的术语，一方面指违反规则或执行规则的各类情境，另一方面指人们打破规则或执行规则的各种过程。下面我将着重解释这个概念所指代的情境和过程。

一些基本的区分如下。规则会有许多不同的种类。它们可以正式体现为法律，并通过国家警察权力来执行；而另一些规则所代表的是新兴起来的，或是在历史传统的认可里逐渐形成的非正式的共识，这类规则也是通过各种非正式的约束来执行。

类似的，不论是拥有法律或传统之力量的规则，还是在共识基础上所达成的规则，都需要特定实体来执行，例如警察机构，或者某个行业的伦理委员会；另一方面，规则的执行也与所有人有关，或至少与适用这一规则的群体的所有成员有关。

很多规则并未得到真正执行，这样的规则并不是我们在这里所要讨论的。比如说蓝法（blue laws）[1]，它们虽然至今仍保留在法典中，但是事实上早在一百多年前就不再被执行了（然而人们应当注意的是，一部未执行的法律有可能基于多重原因被重新启用，发挥其原本具有的一切法律效应，比如限制星期日商业设施开张的蓝法，在密苏里州被重新启用）。非正式的规则也同样会由于缺乏实际执行而逐渐失去效力。在接下来的讨论中，我将主要关注那些可以说在实际运作的、在执行尝试中保持活力的群体规则。

最后，一个人在何种程度上是"局外人"，不论是我提到的何种意义上的"局外人"，也都要看具体的情况。毕竟，那些违反交通规则的人，或是在聚会上喝醉的人，就很少被认为与常人有明显差异，人们会宽容对待他们的小过失；但是小偷就不会被视为与常人相近，人们会严厉地惩罚他；而对于那些犯有谋杀、强奸和叛国罪的人，大家都会将这些违反者视为局外人。

同样，一些违规者也不会认为自己受到了不公平的评判。比如说，违反交通规则的人常常认同他所违反的那条规则；酗酒者则相对矛盾，他们一方面认为那些判断者对自己缺乏了解，另一方面却

_____

[1]　英国清教徒于 17 世纪来到美洲大陆后，延用部分英国法律，这些法律被称为"蓝法"。"蓝法"规定禁止在星期日从事商业交易活动、娱乐和工作等。随着清教徒神权政治的日渐衰退，"蓝法"逐步废除。现在虽然有一些州的法典仍然保留了这些法律，但是它们已经不再施行。——译者注

也同意放纵饮酒是有害的；一些越轨者（最好的例子是同性恋和瘾君子）[1] 会发展出一套成熟的思路，来解释为何他们是对的，而他们的那些反对者和惩罚者是错的。

越轨的定义

局外人的概念，即违背群体规则的越轨者（deviant），对于从事各种调查、理论探索和科学研究的人来说都不是一个陌生的话题。一些外行人对越轨者的关注点在于：他们为什么要这样做？我们应当如何解释他们有悖规则的行为？究竟是什么原因使得他们去做被禁止的事情？科学研究一直在尝试回答这些问题。在寻求答案的过程中，科学研究已经接受了一种常识性的前提，即那些打破（或貌似打破）规则的行为有一些内在的越轨性（本质的区别性）。它还接受了一种常识性的假设，即越轨行为的发生，是因为这些行为者自身具有不可避免会导致越轨的特质。于是，当"越轨"这个标签被贴到特定的行为或人身上时，科学家们很少去质疑，而是将其视为既定的。此时，他们接受了作出评判的群体的价值观。

很容易观察到，不同的群体会将不同的事情判断为越轨。这一事实时刻提醒我们：不论是对越轨行为作出判断的人，还是判断的过程本身，抑或判断所处的情境，都有可能与越轨现象紧密相关。人们对越轨的普遍观点和以其为前提的科学理论认为，打破规则的行为在本质上是越轨的，因而将判断的情境和过程视为理所当然。但是，有一个重要的变量被遗漏了——判断过程是变化的。如果科

----

[1] 在本书中，作者和相关学者对性少数群体使用的语言，往往具有较强的时代偏见。中译遵从原文译出，唯请读者注意辨别这类偏见。——译者注

学家们忽略了这一点，那么而后发展出来的理论种类和可以实现的理解种类都将受到巨大的局限。[1]

我们首先必须为越轨给出一个定义。而在作出定义之前，我们还需要对科学家们现有的一些定义作一些梳理，看看这些定义作为局外人研究出发点是否还有遗漏。

越轨的最简单视角本质上是统计学的，任何偏离平均水平过大的事物被定义为偏差。当统计人员分析一项农作物实验的结果时，他会把那些特别高或特别矮的玉米茎描述为平均值以外的偏差。同样，人们可以将异于最寻常状态的事物视为偏差。由这种观点看来，因为大多数人惯用右手，有深色头发，所以左撇子和长着红发的人都是偏差。

如此说来，统计学观点似乎很笨，甚至很琐碎。它将问题简单化了，对越轨性质讨论中涉及的许多价值问题避而不谈。要评判任何个案，似乎只需要计算出行为与平均水平的距离。但这样的方法过于简单了。根据这样的定义，我们得到的是一个大杂烩：过于肥胖或瘦削的人，杀人犯，长着红头发的人，同性恋者和交通违规者。在这些人中，有一些人通常就被认为越轨，而另外一些人根本没有违反任何规则。简而言之，我们对局外人进行科学研究，关注的是破坏规则，但是统计学对越轨的定义却没有将对破坏规则的关注纳入其中。

另一种不那么简单，且比较常见的观点是：越轨在本质上是病理性的。这揭示出了某种疾病的存在。这种观点显然基于一种与医学的类比。当人类机体正常有效运行且没有任何不适的时候，我们称之为一个健康的机体；反之，当它无法正常有效地运作时，疾病便产生了。存在障碍的器官或功能就被视为病态的。当然，人们对什么是健康的机体很少存在异议，但是不少人并不赞同用病理学

概念来类比、描述被认为是越轨的行为，因为人们对什么是健康的
行为并没有统一的答案。我们很难找到一个定义，能让精神病学家   5
这样一个经过挑选的有限群体都满意。所以，我们不可能像找到一
个大家普遍接受的机体健康标准一样找到一个大家普遍接受的越轨
定义。[2]

有时，人们会更严格地使用类似的比喻来定义越轨，因为他们
会把越轨看作心理疾病的产物。通常，就像人们会将糖尿病患者难
以复原的浮肿视为他们疾病的症状一样，同性恋或吸毒者的行为被
认为是某些精神疾病的症状。但是精神疾病与生理疾病的相同之处
仅限于隐喻层面：

> 从梅毒、肺结核、伤寒、癌症以及骨折开始，我们创造了
> "疾病"这样一个类别。最初，这个类别只由几个元素组成，它
> 们的共同点是人体作为一个生理化学机器存在着结构或功能上
> 的紊乱状态。随着时间的推移，疾病的范畴逐渐扩大了，而那
> 些被新添加到疾病范畴里的事物，并不是新发现的身体紊乱。
> 医生们的注意力已经从这一标准转向到残疾和病痛上，并将此
> 作为新的疾病判断标准。一开始，歇斯底里、疑病症、强迫症
> 和抑郁症等被逐渐归为疾病的范畴，而后来，医生（特别是精
> 神病医生）把任何能够检测到功能紊乱迹象的事物称为"疾病"
> （特别是"精神疾病"），不管是基于什么标准。因此，广场恐惧
> 症是一种疾病，因为正常人不应对开阔的空间感到恐惧；同性
> 恋是一种疾病，因为异性恋才是社会常规；离婚是一种疾病，
> 因为它象征着婚姻的失败；一些犯罪或艺术行为，恶劣的政治
> 领导，参与或者退出某些社会事务，所有这些甚至更多的现象   6
> 都可以被认为是精神疾病的征兆。[3]

和统计学视角一样，医学比喻限制了我们能看到的东西。它接受了把某物视为越轨的一些非专业的判断，并使用了类比的方法将其源头定位到个体身上。这阻止了我们把判断本身视为越轨现象的一个关键部分。

有一些社会学家也基于医学对健康与疾病的定义，建立了一种越轨模型。他们关注社会或是社会的某些组成部分，观察其中是否存在可能降低社会稳定性，并减少社会存续机会的因素。他们给这些过程贴上了越轨的标签，或视其为社会解组的表现；他们把有利于和不利于稳定的两方面社会特征区分开来（即具有正功能和负功能的两方面特征）。在这种越轨模型的引导下，社会学家可以指出社会中被人们忽略的潜在问题。[4]

但是，要在实践中区分哪些对于社会或社会群体来说属于正功能，哪些属于负功能，要比理论困难得多。一个群体的目标或目标功能是什么，以及哪些因素是会帮助或妨碍目标的实现，通常是一个政治问题。群体中的不同派别互不同意，并为了使自己对群体功能的定义得到认同而周旋。所以，一个群体或者组织的功能并非一开始就由组织性质决定的，而是在政治冲突中逐渐决定的。如果这一逻辑是正确的，那么我们同样可以认为以下这些问题也是政治问题：怎样的规则应被执行，怎样的行为应被视为越轨，以及什么样的人会被贴上局外人的标签。[5]这样看来，越轨的功能主义视角因为忽略了越轨现象的政治面向而限制了我们的理解。

另一种社会学观点更具有相对主义色彩。它认为，所谓越轨就是违背群体规则的行为。也就是说，只要我们能够明确一个群体对其成员执行的规则，我们也就可以明确一个人是否违背了这些规则，并是否因此而越轨。

这种观点与我的观点最为贴近，但是它对于决定把哪些规则用来度量和判断越轨行为时所产生的模糊性并未给予足够的关注。一个社会里有许多群体，每一个群体都有各自的规则，而人们又同时是不同群体的成员。一个人在遵守某一群体的规则时，可能已违背另一群体的规则。如果是这样，那这个人越轨了吗？这种定义的支持者也许会反驳说，虽然社会中一个或另一个群体所特有的规则可能模糊不清，但有一些规则还是大家普遍认同的，在这种情况下就不会出现困难。当然，这是一个事实性问题，最终还是需要经验研究来解决。我猜测还有许多此类达成共识的领域，我也认为最好能有一种可以应对各种模糊和不模糊情况的越轨的定义。

越轨与他人的反应

前文所讨论过的社会学观点将越轨定义为对一些被广泛认可的规则的违背。这一观点继续关注了是哪些人违背了规则，并试图从他们的个性以及生活情境中寻找违规的可能原因。这假定那些违反规则的人构成了一个同质性的范畴，因为他们犯了同样的越轨行为。

但是我认为，这样的假设忽略了关于越轨的核心事实：越轨是由社会创造出来的。我不是说越轨的原因是越轨者的社会情境或促使其行动的"社会因素"，就像人们通常所理解的那样，而是说**社会群体通过制定违反即越轨的规则来制造越轨**，并将这些规则应用到特定的人身上，给他们贴上局外人的标签。以这种观点来看，越轨**不是**一个人行动本身的性质，而是他人对"违规者"执行规则和制裁的结果。越轨者是被他人成功贴上越轨标签的人，越轨行为也就是被人们冠以类似标签的行为。[6]

由于越轨是他人对某一个人行为作出反应的结果，越轨研究者在研究被贴上越轨标签的人时，不能将他们归为一个同质性的范畴。也就是说，研究者不能假设他们都一定实施了越轨行为或违反了某些规则，因为贴标签的过程可能并不无懈可击，一些被贴上越轨标签的人可能事实上从未违反过任何规则。此外，他们不能假设被贴上越轨标签的人将毫无遗漏地包括了所有实际违反规则的人，因为终有一些违规者会侥幸逃脱，未被算入他们所研究的"越轨"人群之列。只要这个范畴还缺乏同质性，不可能将所有个案包括在内，那么试图从个性或生活情境中寻找越轨的共同原因的想法也就不够合理。

9

那么，这些被贴上标签的人具有哪些共性呢？至少可以说，他们有同一种标签，都有被贴上局外人标签的经历。我将从这个基本的共性出发来对越轨进行分析，把越轨视为社会群体与该群体眼中的违规者之间的交换结果。我在接下来的讨论中，不会把越轨者个人或社会特征作为重点，而将更多地关注他们被认为是局外人的过程，以及他们对这种判断的反应。

马林诺夫斯基多年前在特洛布里恩群岛做研究时，发现了这种观点有利于人们理解越轨的性质：

> 有一天，一阵凄厉的哭声和巨大的骚乱告诉我在附近发生了命案，后来得知是一个乡亲十六岁的儿子启米从椰子树上掉下来摔死了……而同时有另一个年轻人蹒跚地受了重伤。在启米的葬礼上，启米出事地点与他被安葬的地方的村民间有明显的敌意。
>
> 直到事后很久，我才得知启米事件的真相。启米的死并不是意外，而是自杀。事实上他与姨妈的女儿，也就是自己的表

妹相爱，这一行为违反了当地不许同族通婚的规则。知道这一事实的人都反对这对年轻人在一起，但没有任何人对此采取实质的行动，直到另一位被女方抛弃的前男友感觉受到了伤害，开始用黑魔法来威胁他的这名有罪的情敌，但这没什么效果。有一晚，他还在全村人面前侮辱了启米，指责他的乱伦行为，并对他说了一些当地人无法容忍的话语。　10

在这样的情况下，对这个不幸的年轻人来说，自杀是唯一的出路。第二天早晨，他穿戴上最好的服装配饰，爬上了一棵椰子树，并在树上对全村人告别。他为自己绝望的举动作出了解释，并隐晦地将矛头指向了那个逼自己于死地的情敌，这令他的族人有责任为他报仇。在说完这些之后，他按照传统，嚎啕着跳下了约有六十英尺高的椰子树，当即毙命。在之后的一场斗殴中，这个导致启米自杀的罪魁祸首被打成了重伤，而类似的争斗在葬礼上又一次上演……

如果你在特洛布里恩人里问起此事，你会发现……当地人十分惧怕违反异族通婚制的想法，他们深信同族乱伦会带来痛苦、疾病和死亡。这是当地法律的理念，而在道德问题上，在评判他人的行为或对一般行为发表意见时，人们很容易也很乐意去恪守这一理念。

然而，道德和理想状态运用到实际生活中时，事情就又要复杂得多。以启米的案例来说，很显然事实并不符合行为的理想状态，但人们并没有因为知晓他犯罪而义愤，也并没有对此作出任何直接的反应。在这种情况下，他们必须通过对犯罪的公开声明和有关方面对罪犯的侮辱来动员。即便如此，他也不得不亲自对自己执行惩罚……我在进一步调查和收集具体信息之后发现，其实违反异族通婚制的案例（有性关系但不涉及婚

姻）并不在少数，但舆论基本是宽容的，虽然这种宽容也明显带有伪善的意味。如果这样一件事是在暗中进行且不那么过分，

11 如果没人跳出来找麻烦，那么人们除了闲言碎语之外，并不会对此有什么严厉的惩罚。相反，如果这样的丑闻被曝光，所有人都会谴责这对有罪的男女，那么其中一人很可能因排斥和侮辱而被迫结束自己的生命。[7]

因此，一个行为是否属于越轨，取决于其他人对它采取怎样的反应。也就是说，只要没有人公开指责你，那么你就可以继续宗族乱伦，而不用遭受更多的闲话，可是一旦有公开的指控，你就可能因此被逼致死。问题的关键就在于他人的反应。一个人违背了规则，并不意味着他人就一定会对此作出反应（反言之，一个人没有违背规则，并不意味着他不会在某些情况下被认为违反了规则）。

他人对于某一具体行为的反应会发生剧烈变化，其中一些变化值得研究者注意。首先是随时间推移而发生的变化。一个被认为具有某种"越轨"行为的人，在不同时段会受到他人不同包容程度的反应。针对各种越轨行为的"驱动力"的发生清楚地说明了这一点。在不同的时期，执法人员们有时决定对特定越轨行为进行彻底的清理，如赌博、吸毒或是同性恋活动。在这种情形之下，参与其中任何一种活动都比其他时候都显然要有更大的风险（戴维斯对科罗拉多州的报纸进行一项有趣的研究时发现，当地报纸对犯罪的报道数

12 量与当地真实犯罪率的变化几乎没有关系。同时他也发现，报纸中犯罪新闻数量的增加与当地人认为的犯罪率的上升幅度有关，而与实际犯罪的增加并无关联[8]）。

同时，一个行为在多大程度上被认为是越轨也取决于另外两个因素，一是谁实施了这种行为，二是谁觉得自己受到了该行为的伤

害。规则往往会更多地运用到某些人身上。关于青少年犯罪的研究可以很好地证实这一点。如果中产阶级家庭出身的和来自贫民区的男孩同样被捕，他们最后受到的法律程序处理是不同的。中产阶级男孩有更小的可能性被带回警局；即使被带回了警局，他也更不可能留下案底；并且，他也更不可能被定罪和判刑。[9]同样，法律对于黑人和白人的实施也有所不同。众所周知，一个袭击白人妇女的黑人要比一个犯下同样行为的白人更有可能受罚；而人们可能并不熟知的一个事实是，一个谋杀另一个黑人的黑人要比一个犯下谋杀罪的白人更容易受到更轻的法律制裁。[10]这也是萨瑟兰的白领犯罪分析的要点之一：公司所犯的罪行几乎总是作为民事案件被起诉，但个人所犯的相同罪行通常被当作刑事犯罪处理。[11]

一些规则只在产生了具体的结果时才会执行。未婚妈妈的例子 13 可以清楚地说明这一点。文森特（Clark Vincent）[12]指出，不正当性关系很少会致使违规者受到严厉的惩罚或者社会的非难，但是如果一名女子因为这种不正当性关系而怀孕，那么其他人就有可能产生强烈的反应（非婚怀孕的例子同样可以说明在不同类别的人身上会执行不同的社会规则，文森特指出，未婚爸爸通常逃脱了未婚妈妈所受到的严厉谴责）。

为什么要重复这些十分再简单不过的事例？因为所有这些事例都说明越轨不仅是一种只存在于某些行为，而不存在于其他行为中的性质。相反，它是一个过程的产物，包括其他人对该行为的反应。同一行为在某个时候可能是违规行为，而在另一个时候又并非如此，一些规则被打破时无人受到制裁，而对另一些规则来说情况又可能不同。简言之，一个特定行为是否属于越轨行为，一方面取决于该行为本身的性质（即这个行为是否违反了某些规则），另一方面则取决于他人对其的态度。

11

会有一些人反驳说，这只是术语上的争辩，毕竟每个人都可以以任何方式定义术语，并且他也完全有自由不考虑他人的看法，而只把违背规则的行为视为越轨。这当然没有错。但是，将这些行为称为**违反规则的行为**，而把**越轨**这个概念留给被社会的某些部分贴上越轨标签的人可能会更好。我并不坚持这种用法，但是我认为值得注意的是，只要科学家用"越轨"来指代一切违背规则的行为，并只将那些被贴上**越轨标签**的人作为研究对象，他们就会被两个类别间的差异所阻碍。

14　　如果我们要把那些被贴上越轨标签的行为作为研究对象，那我们就必须要认识到，在他人作出反应之前，我们都无法知道某一特定行为是否被归为越轨。越轨不是行为本身的性质，而是行为者及其回应者之间的互动。

谁的规则？

我用"局外人"这样一个词来指称那些被他人视为违背规则的越轨者并因此被排斥在"正常"群体成员圈子之外的人。可是，这个词还拥有第二层含义，其分析结果会导向另一类重要的社会学问题：从被贴上越轨标签者的视角出发，他们恰恰会认为那些规则的制定者才是"局外人"。

社会规则由特定的社会群体创造出来，但是现代诸社会并不是所有成员在规则内容及其在具体情境中的执行上都达成共识了的种种简单组织。事实是，它们因社会阶级、民族、职业和文化而存在高度差异。这些群体不需要，事实上也往往并不共享同一套规则。它们在处理自身环境时遭遇的问题，以及它们所承载的历史和传统，都会造成诸套规则的演变。既然许多群体之间的规则都各不相同甚至彼此抵触，那么对于某一类行为在给定情境下是否合适自然也存在争议。

美国的意大利移民在禁酒令颁布期间仍然为自己和亲朋好友酿酒，这在他们自己看来并无过错，但已经违反了他们的新国家的法律（他们的许多老美国人[1]邻居也是如此）。病人四处求医问药，从这一群体的角度看，他们是在确保能找到最好的医生，这对保护他们的健康是必需的；但是从医生的角度来看，他们的行为破坏了病人对医生应有的信任，因此是不妥的。至于下层出身的少年犯，他认为自己为帮派打架是理所当然，但是老师、社工以及警察决不会赞同这种看法。

尽管我们可能认为许多或者大多数规则都被一个社会的所有成员普遍认同，但是对特定规则的经验研究普遍显示，人们对规则的态度是不同的。[13]某些特定结构的群体所执行的正式规则，可能与大多数人所认同的规则存在差异。在一个群体中，不同派别可能会对我所说的事实上执行的规则持有不同的意见。在研究那些通常被贴上越轨标签的行为时，最重要的发现就是行为的参与者与谴责者有着完全不同的视角。在这样的情况下，一个人很可能觉得他受到的评判所依据的规则，既没有他自己参与制定，也不为自己所接受；这些规则正是那些局外人强加到他身上的。

那么人们会在什么情况下、在多大程度上将规则强加于那些并不认同它们的人身上呢？让我们来辨析两种情况。第一，只有那些真正的群体成员才会热衷于制定和执行某些规则。当一个正统的犹太教徒违反了犹太教的饮食规则时，只有同样正统的犹太教徒才会

15

---

[1]　原文为 Old Americans，指自身前三代及以上都在美国出生的白人。——译者注

认为那是违逆教义的行为，而基督教徒以及非正统犹太教徒并不认为这是越轨行为，也对插手此事毫无兴趣。第二，某一群体的成员认为，来自其他群体的成员是否遵守某些规则与自身利益息息相关。因此，人们认为行医者必须遵守某些规则；这也就是国家要向医生、护士等医疗人员发放执照，并禁止无证行医的原因。

当一个群体试图将它的规则强加于社会中的其他群体时，我们又会遇到这样一个问题：究竟是谁可以成功迫使他人接受其规则，他们又如何达到这样的目标？这里显然是一个政治和经济权力的问题。在后文中，我们会对规则被制定和执行时所处的政治和经济过程进行考察。值得注意的是，人们实际上总是将自己的规则**强加**于他人，或多或少地抵触他人的意志，或者不经他们的同意。比如说，通常是年长者为年轻人制定规则。尽管这个国家的青少年有着巨大的文化影响力，例如大众传媒就迎合了年轻人的口味，可是太多种规则仍然是由成年人为青少年制定的。有关学校出勤率和性行为的规则不会考虑到青春期因素，于是青少年会发觉他们被由年纪更大、生活更为安定的人制定的各种规则事项包围。成年人会认为这是合情合理的，因为在他们看来，青少年的心智与责任感都还没有达到可以为自己制定合理规则的程度。

十分类似的是，在我们的社会中，有许多方面的规则都是由男人为女人制定的（尽管在美国，这种情况正在迅速改变）；黑人也会发觉自己需要服从白人为他们制定的法规；出生在外国的人和其他族群的人，往往要遵循少数盎格鲁-撒克逊新教徒为他们制定的规则；而中产阶级制定的规则，是下层阶级在学校、法庭等任何地方都必须遵守的。

规则的制定能力和施加能力的差异，归根结底是权力的差异（不论是法律以内的权力，还是法律以外的权力）。那些由自己的社会地位给予武器和权力的群体，就能很好地执行自己的规则。年龄、性别、民族、阶级差异，都与权力差异有关，而权力差异与群体为他人制定规则的程度差异有关。

17

除了要认识到越轨是被人们对特定行为的回应、被越轨行为标签创造出来的，我们也应该牢记：在这种贴标签过程中创造和保持的规则并不是被所有人接受的。相反，这些规则本身就是冲突和争论的产物，也是社会的政治过程的一部分。

注释

1. 参见 Donald R. Cressey，"Criminological Research and the Definition of Crimes,"*American Journal of Sociology*，LVI（May，1951），pp.546—551。

2. 见 C. Wright Mills，"The Professional Ideology of Social Pathologists,"*American Journal of Sociology*，XLIX（September 1942），pp.165—180 中的讨论。

3. Thomas Szasz，*The Myth of Mental Illness*（New York：Paul B. Hoeber，Inc.，1961），pp.44—45；又见 Erving Goffman，"The Medical Model and Mental Hospitalization,"in *Asylums：Essays on the Social Situation of Mental Patients and Other Inmates*（Garden City，NY：Anchor Books，1961），pp.321—386。

4. 见 Robert K. Merton，"Social Problems and Sociological Theory,"in Robert K. Merton and Robert A. Nisbet，editors，*Contemporary Social Problems*（New York：Harcourt，Brace and World，Inc.，1961），pp.697—737；以及 Talcott Parsons，*The Social System*（New York：The Free Press of Glencoe，1951），pp.249—325。

5. Howard Brotz，"Functionalism and Dynamic Analysis."*European Journal of Sociology*，II（1961），pp.170—179 一文指出，哪些现象具有"正功能"，而哪些现象具有"负功能"，是一个政治问题。

6. 这一观点最重要的早期讲法可以参见 Frank Tannenbaum，*Crime and the Community*（New York：McGraw-Hill Book Co.，Inc.，1951），以及 E. M. Lemert，Social Pathology（New York：McGraw-Hill Book Co.，Inc.，1951）。与我的立场非常相近的一篇文章是 John Kitsuse，"Societal Reaction to Deviance：

Problems of Theory and Method," *Social Problems*, 9 (Winter, 1962), pp.247—256。

7. Bronislaw Malinowski, *Crime and Custom in Savage Society* (New York: Humanities Press, 1926), pp.77—80. 此处获人文出版社和劳特利奇与基根·保罗有限公司许可。

8. F. James Davis, "Crime News in Colorado Newspapers," *American Journal of Sociology*, LVII (January 1952), pp.325—330.

9. 见 Albert K. Cohen and James F. Short, Jr., "Juvenile Delinquency," in Merton and Nisbet, editors, *Contemporary Social Problems* (New York: Harcourt, Brace and World, Inc., 1961), p.87。

10. 见 Harold Garfinkel, "Research Notes on Inter- and Intra-Racial Homicides," *Social Forces*, 27 (May 1949), pp.369—381。

11. Edwin H. Sutherland, "White Collar Criminality," *American Sociological Review*, V (February 1940), pp.1—12.

12. Clark Vincent, *Unmarried Mothers* (New York: The Free Press of Glencoe, 1961), pp.3—5.

13. Arnold M. Rose and Arthur E. Prell, "Does the Punishment Fit the Crime? —A Study in Social Valuation," *American Journal of Sociology*, LXI (November 1955), pp.247—259.

第二章 越轨的类型：一个顺序模型

在本书中，我并非要论证那些被他人视为越轨的行动才是"真正"的越轨。但必须承认的是，被他人视为越轨是很重要的一个维度，是任何越轨行为分析都不可忽视的。如果将这一维度与其他维度相结合——不论某一行动是否符合某一特定规则——我们可以建立一系列的范畴来区分不同的越轨类型。

在这些类别中，有两种较为容易理解。其一是**顺从**行为（conforming behavior），它指的就是遵从了规则，并且在他人看来也遵从了规则的那些行为；其二则是处于另一极端的**纯粹越轨**（pure deviant）行为，它是违反了规则且被他人认为如此的行为。*

---

* 需要记住的是，这一分类方法必须要基于给定的一套规则而使用；它并未考虑到我已讨论过的一种复杂情况，即同一群人定义同一行动时可用的规则多于一套，再者，此分类方法中的种类是指行为、行动，而非人相个性。同一个人的行为可能在某些活动中被归为顺从，而在另一些情况下则是越轨。

越轨行为的种类

	遵循规则的行为	违反规则的行为
被他人视为越轨	被错判的	纯粹越轨
不被他人视为越轨	顺　　从	秘密越轨

20　　　另外两种可能性要更有趣。一种是**被错判的**（falsely accused）行为，这一情况就是罪犯常说的"冤枉"。被指控者被他人视为做了不合适的事，而他事实上并未如此。即便是在个人受正当法律程序和证据的规则保护的法庭上，这种错判也无疑有可能会发生。至于那些没有法律程序保护的情境，这种错判可能会更加频繁。

　　而更为有趣的一类则是截然不同的极端，即**秘密越轨**（secret deviance）。在这里，人做出了不合适的行为，但要么这不为人所知，要么他人并未将其视为违反规则。和前面所说的被错判的越轨行为的例子一样，没有人清楚了解有多少秘密越轨行为，但我能确信的是，这种情况远比我们所想的要多。以一个简单的调查可以证明这一点：大多数人会将恋物癖（特别是涉及施虐和受虐的恋物癖）视为一种少见而怪异的性倒错行为。几年前，我曾就一本专门针对这类人的色情图片销售目录作了一项调查。这本销售目录里没有包含任何裸体或者性行为的图片，但每一页都有如下类型的画面：穿紧身衣的女人，穿着六寸高跟皮靴的女人，手握皮鞭或戴着手铐的女人，或是相互拍打臀部的女人。目录中的每一页都能作为销售商所拥有的其中 120 张图片的样张。我们通过粗略计算就可以知道：这本目录背后可供即时销售的不同色情照片多达一万五千到两万张。惊人的照片数目，加上印刷的精美程度，足以预见顾客群的庞大和生意的红火程度了。然而，人们可能并不会经常亲身遇到施虐受虐恋物癖，那显然是因为这些人都能把这一倒错特征隐藏起来（"所有的订单都放在一张空白信封里")。[1]

　　一些研究同性恋问题的学者作过类似的调查，调查表明，许多　　21
同性恋者在非同性恋朋友面前都会隐藏自己越轨的性取向。而我们
后文中将会谈到，在不使用麻醉品的朋友面前，许多使用者往往也
会缄口不提自己使用药品的秘密。

　　越轨的这四种理论类型，是我们根据对行为及其引起的反应进
行交叉分类得出的，它们澄清了被普遍认为相似，但在重要方面存
在差异的一些现象。我们如果忽视这些差异，就会错误地用同一方
式去解释事实上存在差异的一些行为，并忽略了它们需要不同解释
的可能性。一个在不良少年团体地盘周围无辜地闲逛的男孩，也有
可能因受到嫌疑而与他们一起被捕。他还会和那些真正的作恶者一
样，作为少年犯出现在官方统计数据中，而试图以理论解释这些现
象的社会科学家们，则会和解释其他人一样，试图解释他为何在官
方记录里出现。[2] 但是，他和他们的情况是不同的，同一解释也无法
同时适用于二者。

越轨的共时模型和顺序模型

　　对越轨类型的区分有助于我们理解越轨行为如何产生，因为这
一区分可以让我们发展出越轨的顺序模型（sequential model），这
一模型允许历时的变化。但在探讨这一模型之前，我们首先要思考
个体行为发展的顺序模型和共时模型（simultaneous model）之间的
差异。

　　首先我们需要注意的是，几乎所有越轨研究都把越轨视为病态
（pathological）。也就是说，此类研究的目的就是寻找"病因"，寻找

22　这些行为产生的原因。

这类越轨研究通常会使用多变量分析（multivariate analysis）这一工具。社会研究的种种技术和工具，都会包括理论和方法论层面的承诺，越轨研究也是如此。多变量分析假设所有造成所研究之现象的因素是同时产生作用的，这种分析方法试图寻求最能"预测"该行为发生的某一变量或者变量组合。因此，一项青少年犯罪研究可能会关注犯罪是否源自犯罪者的智商、生活环境、破碎的家庭，或是以上各方因素的综合。

但事实上，并非所有因素都同时发挥作用，因此我们需要的是一种解释行为按照一定序列**发展**的模型。例如在第三章将讨论的大麻吸食者的案例中，为了理解这一现象，我们需要考虑他们行为和视角中的各个环节和变化。每个单独的环节都需要进行解释，而在序列中，某一环节里至关重要的因素在另外一个环节里可能是微不足道的。具体来说，我们一方面需要解释一个大麻吸食者是如何进入可轻易获取大麻的环境的，另一方面则要解释在具备获得大麻的条件下他的首次吸食是如何发生的。再者，我们还要解释在初次尝试之后，他又出于什么原因继续吸食大麻。在一定程度上，每个方面的解释都是行为成因的组成部分，也就是说，只有经历了这些环节，才能成为确定的大麻吸食者：具备获得大麻的条件，初次尝试，以及持续吸食。对每一环节的解释都构成了最终行为解释的一部分。

然而，如果单独来看，对各环节产生影响的变量，在吸食者和
23　非吸食者身上的区别并不明显。使某人完成特定环节的变量，可能会因他在过程里尚未到达完成这一环节的阶段而无法发挥效用。例如，在习惯性吸毒模式的形成过程中，一个重要的环节是愿意尝试毒品，那我们不妨可以设想这一环节是源于个人性格或自我定位方面的变量，例如疏离于常规，等等。而个人的疏离这一变量，只会

使那些因参与具备毒品获得途径的群体而有机会尝试吸食的人吸食毒品；而那些缺少毒品获得途径的疏离者，不论疏离程度高低，就都没有机会尝试毒品并成为吸食者。因此，疏离可能是导致吸毒行为产生的一个必要因素，但也仅仅在整个过程的特定阶段才能区分吸毒者和非吸毒者。[3]

对发展各种越轨行为的顺序解释模型颇有帮助的一个概念是**生涯**（career）。这一概念最初是从有关职业（occupation）的研究中发展出来的，是指供职于特定职业体系中的个体在这一体系内从某一职位流动到另一个职位的序列。进而言之，生涯也包括了"生涯的偶然性"（career contingency）这一概念，即一个人从某一职位到另一职位的流动能力所倚赖的因素。职业生涯的偶然性既包括社会结构这样的客观事实，也包括个体在视角、动机和欲求上的变化。在职业的相关研究中，我们通常用职业生涯这一概念来区分那些"事业有成"人士（这里的"成功"不论如何都是指职业领域内的成功）和碌碌无为之辈。它也可以在不讨论事业"有成"与否的情境下用以区分若干种不同的职业成果。

职业生涯的模型可以轻而易举地被化用于研究越轨生涯（deviant career）。在化用这一模型的时候，我们不应将注意力仅仅局限于那些具有持续不断的越轨生涯的人，或是那些最终处于极端越轨身份以及生活方式的人，而也应当考虑到一些只有短暂越轨，而后生涯发展最终回到常规生活方式的人。比如说，最终未发展为成年罪犯的青年犯，就可能比由少年犯演变为成年罪犯的案例更值得研究。

在这一章余下的部分，我将重点关注生涯之中内在的可导致越轨行为的可能因素。随后，我会转向讨论一类具体越轨案例：大麻吸食行为。

24

越轨生涯

大多数越轨生涯是从一次非顺从行动，即违反某类规则的行动开始的。我们应该如何解释越轨的这一起点呢？

人们通常认为越轨行动是出于某些动机。他们认为越轨者，即使是初次越轨者（或者说，尤其是初次越轨者）也存在一定的目的。他可能意识到了目的，也可能未能完全意识到，但动机力量仍存在于背后。我们要讨论蓄意的非顺从行动，但在那之前，我首先还要指出的一点是，有许多非顺从行动者并没有这样做的意图，因此，这些情况就应另当别论。

非蓄意的越轨行为解释起来可能就相对简单一些。这样的行为体现了一种对既有规则的无视，或是对既有规则适用于本案例、适用于特定的人的无视。但是，这种置若罔闻的成因值得追究。为什么行动者没有意识到自己的行动是不妥的？身处于某种特定亚文化之中（例如特定宗教或者伦理亚文化之中）的人也许很难意识到并不是所有人都"如是"行事，因而不知不觉做下了不合适的行为。事实上，在许多特定的情形下，规则可能会被无视。玛丽·哈斯（Mary Haas）曾指出过不同语言间的词语禁忌的有趣例子。[4]一个人无意地使用了他自己语言里稀松平常的一个词语，却会激怒和冒犯来自另一文化的听者。

而在对蓄意非顺从行动的个案分析中，研究者常常希望通过了解行动者的动机，以此来了解他们为何想要进行越轨行动。这样一个问题已经先入为主地假设，越轨者和顺从者间的基本差别，在于他们动机性质的不同。现有理论中有不少试图解释为何一些人有越

22

轨的动机，而另外一些人则没有。心理学理论认为，越轨动机和越轨行为的成因与个体早年经历有关，个体需要满足这些早年经历产生的一些无意识需求，以保持自身的均衡。而社会学理论则试图找寻社会中"张力"的社会结构性来源，找寻一些具有相互冲突的需求的社会地位，例如令个体不得不通过非法途径来解决问题的社会地位（默顿著名的失范理论正符合这种类型）。[5]

但是以上路径所基于的前提假设可能完全不成立。这种假设认为只有那些最终犯下越轨行动的人才具有这种越轨冲动，然而这种观点毫无依据，实际上大多数人都时常可能有类似的越轨冲动。至少在幻想中，人们实际上比表面更离经叛道。与其追问为什么那些越轨者会想要做出一些有悖规则的事，倒不如转而去思考依常则行事的人是如何克服他们内心离经叛道的冲动。

这个问题可以在"正常"人逐渐被纳入常规性制度和行为时所 26
处的承诺过程中获得一部分解答。我这里谈到的承诺[6]，是指多种利益与一些看似毫不相干的行为方式相互关联的过程。作为过去各种行动及制度常规运作的结果，个体会逐渐发现他必须遵从某些行为方式，不然会对他直接参与之事以外的许多其他活动产生负面影响。例如，出身于中产阶级家庭的青年绝对不能中途退学，因为未来的职业发展需要他接受一定数量的良好教育；一个传统的人必须克制自己对毒品的好奇和兴趣，避免沉迷于此，因为生活里有许多比这种即时快感更为重要的追求——事业发展，家庭幸福，以及他在邻里的良好声誉，可能都取决于他能否抵挡住毒品的诱惑。

事实上，在我们所处的社会里（在任何一个社会里也可能如此），人们的正常发展通常可被视为是对常规和制度的一系列逐步承诺的过程。当一个"正常人"面对自己内心离经叛道冲动的时候，他可以通过试想遵循这一冲动有可能引起的多种多样的后果来抑制它。他把太多的精力放在继续做正常人上，而不允许自己被偏离常规的冲动所动摇。

这意味着在关注蓄意的非顺从行为时，我们所要解答的问题是：个人如何能避免受到常规性承诺的影响。可能性有两种，一种是个人在成长过程中可能多少避免与常规社会产生纠缠或联系，这让他自由地遵从自己的冲动；另一种情况是，个人没有需要维持的声誉，也没有一份需要保住的常规性工作，于是他就可以遵从自己的冲动，不需要刻意佯装恪守传统。

然而，大多数人向来都知道什么行为符合常规准则，所以当他们将要初次参与越轨行动之前，必须设法消解自身对规则的敏感性。赛克斯（Sykes）与马茨阿（Matza）曾提出，少年犯们实际上有遵纪守法的强烈冲动，但是会用各种中和技巧来处理它们："少年犯对越轨的自认为合理的辩护，在法律体系和社会整体来看是无效的。"在这一研究中，他们指出了罪犯用以中和守法价值力量的多种技巧。

> 一旦少年犯能为自己的越轨行动开脱责任，那么来自自身或他人的谴责对越轨行动所能造成的抑制力就会大大降低……少年犯会用"桌球理论"来解释自己的行动：他是被无助地推到了新的状况之中……将自身行动视为被迫为之多于主动为之的思维方式，使得这些少年犯一方面为偏离主导性规范系统作好了准备，另一方面也避免与规范本身发生直接冲突。

> 另一种主要的中和技术是聚焦于犯罪行动所造成的伤害……对于少年犯而言……他们会想到自己的越轨是否对别人造成了伤害，而对这个问题的阐释是开放的，可以产生不正确的答案……汽车盗窃可以被罪犯解释为"借用"，帮派斗殴则可以被视为私人恩怨或两个团体间自愿进行的决斗，因而无须考

虑对社区的影响……

来自自我或他人的道德批判还可以被如下观念中和：在特 28
定情境下，伤害不一定有错。伤害可能被认为并非伤害，而是
一种正义的惩罚或报复……例如对同性恋或有同性恋嫌疑的人
的冒犯，对那些被认为"格格不入"的少数群体成员的攻击，
为报复而蓄意破坏某个不公正的老师或者学校职员的财物，或
是盗窃一个"黑心"商人的店铺——在少年犯看来，这些人是
罪有应得……

第四种中和技术涉及对谴责者的谴责……那些谴责者有可
能被越轨者认为是伪君子，是暗地里有着类似出格行为的人，
或是完全是出于泄私愤而指责……这样一来，他自身行为的错
误会在对他人的指责过程中被忽视和消解……

为了满足少年犯所属的小社会群体的要求，例如兄弟、帮
派或是朋党，更大的社会环境要求往往就被牺牲了。而这样一
来，内在或外在的社会控制也就被中和了……在这里值得重视
的一点是，对某些规范的越轨发生，并不一定出于拒斥这些规
范，而是因为他们对其他规范有着更高的忠诚度和优先度。[7]

在一些情况下，不顺从会比循规蹈矩对一个人更为必要和可取。
为了追求合法利益而偏离规范行事，尽管欠妥，但也并不十分过分。
一部关于年轻的意大利裔美国医生的小说正符合了以上论断。[8] 故事
是说，这个刚从医学院毕业的医生希望获得实操的机会，但却发现 29
本土美国医生很排斥一个意大利裔来进行治疗。有一天，当地最著
名的一名外科大夫突然请他接手一个转诊病人，他欣喜地以为自己
终于被当地优秀的医生体系所接纳，然而当病人到来时，他才知道
这是一例非法流产手术。这个年轻的医生错认为这次手术是与那位

德高望重的医生建立良好关系的基础，最终还是做了这个非法的流产手术。他的这一行动尽管不合规范，但对他来说是为了事业发展不得不作出的选择。

但我们在此所感兴趣的，当然不是如上那样的只偶尔越轨一次的人，而是那些长期处于某种越轨模式的人，或者说是具有一种偏离常规的生活方式，围绕一种越轨行为模式建立身份认同的人。比起那些偶尔尝试同性恋行为的人（在金赛的性学报告中，这类人数惊人地高），我们更想了解的是一个在成年后长期维持同性性行为模式的人。

从偶尔尝试到一个更稳定的越轨活动模式的转变机制之一，是越轨动机与利益的发展。在后文谈到大麻吸食者的生涯时，我们会具体研究这一过程。在这里，足以说明的是，许多种类的越轨活动的发生动机都是从社会习得的。在定期参与越轨活动之前，个人并没有真正意识到从中所能获得的愉悦感；这种愉悦感是在与老练的越轨者的互动过程中才逐渐习得的。他在学习中意识到了新的种种体验，并认为从中能得到快感。不断求新的随机冲动在已知或已有的经历之上形成了一个固定的品位。描述越轨动机的种种词语就可以说明，这些动机是在与其他越轨者的互动中获得的。简言之，个体**习得**如何参与到围绕某种越轨活动而建成的亚文化之中。

尽管大多数的越轨活动都会具有私人性、隐秘性和独立性，但是这些活动的动机都共有一种社会属性。在这些情况下，多样化的传播媒介会代替面对面的互动来吸引个体进入特定文化中去。之前提到的色情照片生意就用一种风格化的语言来吸引潜在消费者。一些原本含义普通的词汇被技术性地简化，以引起某些特殊嗜好。例如，"捆绑"一词就被反复使用，指一类被手铐或紧身衣[1]束缚的女

30

---

[1] 原文为 straitjackets，原用于束缚罪犯或精神病患者。——译者注

性照片。如果一个人并不了解什么是"捆绑照"，也不了解它们如何给人带来愉悦，就不会习得对这类照片的嗜好。

在稳固的越轨行为模式的形成过程中，最重要的环节之一就是被他人发现和被公开贴上越轨标签的经验。至于一个人是否到达了这一环节，并不那么取决于他自身如何行动，而更多地取决于其他人如何行动，以及其他人是否严格执行越轨者所触犯的规则。我在后文中会进一步解释规则的执行所处的环境，但在这之前，我想先说明两句：第一，即使他人并未觉察到不顺从，且没有针对性地执行规则，不顺从者自己也会作为规则的执行人，判定自己的行为越轨，并因此以某种方式进行自我惩罚。当然，这样的情况并不多见，但也会发生。第二，有时候正如精神分析学家所描述的那样，个体确实很希望被他人发现，他会以别人几乎能肯定是他所为的方式进行越轨行动。

不管是在什么情况之下，被他人发现越轨及被视为越轨都会给行动者今后的社会参与和自我形象造成许多重要影响。最重要的影响之一便是个人的公共身份会发生剧烈变化，因为越轨行为的曝光会给他带来新的社会地位。他打破了自己原先的形象，成为另一种人。他可能被贴上"同性恋""瘾君子""白痴""傻瓜"等标签，而人们对他的态度也会随之发生变化。

在分析越轨身份认同所带来的影响时，我们应该借用休斯对地位的主要特征与附属特征的区分。[9] 休斯认为，大多数地位都有一个至关重要的特征，它可以区分属于和不属于该地位的人。因此，对于医生来说，不论他的其他社会特征是什么，他都是满足特定要求、获得行医资格、拥有相应证明的人。这也就是所谓的主要特征。休斯指出，医生在我们社会里通常也被非正式地期望具有其他许多附属特征，例如大多数人会认为医生是中上阶层、白人、男性和新教

27

徒。如果他并不满足这些特征，这就似乎意味着他在某些方面欠缺资格。类似地，肤色也是一种决定了谁是黑人、谁是白人的主要地位特征，但黑人在人们的非正式期待中拥有一些地位特征，而不具有另一些地位特征；如果一名黑人成为医生或大学教授，人们会非常惊讶，觉得这很反常。人们也常常会仅具有主要地位特征，而不具有某些在非正式期待中有的附属特征，比如女性医生或黑人医生的例子。

休斯在解释这一现象的时候，考虑到的是那些被人们反复考虑、欲求和可欲求的地位（注意：一个人可以拥有进入某种地位的正式资格，但可能因为缺少一些必需的附属特征而不能完全进入）。但是，同一过程也出现在越轨的地位问题中。拥有某一种越轨行为的特征，可能具有某种概化的象征价值，人们会自动认为该特征的所有者也拥有其他相应的不良特征。

一个人只需要犯一次罪，就会被贴上罪犯的标签。这也是"罪犯"这个词正式意指的含义。不过，"罪犯"这个词的含义也同样包括了被贴标签者所拥有的许多具体的附属特征。一个入室窃贼会被贴上还盗窃了更多的房屋的标签；警察在案发后的调查过程里传讯有前科的人，也正是基于这一假设。他之所以会被认为具有其他作案嫌疑，是因为他已被说明并非"遵纪守法"之人。因此，因某次越轨行动而被捕的经历，会使他在日后更易在其他方面被视为越轨者和不良分子。

除此之外，在休斯的分析中，另一个可借用的有用元素是他对主要地位和从属地位的区分。[10] 不论是我们的社会还是其他社会，都会有这样的情况：某些地位会凌驾于其他所有地位地上，具有某种优先权。种族就是其中一个例子。根据社会定义，黑人身份在大多数情境下会凌驾于其他地位因素之上，而医生、中产阶级或女性等特征无法阻止一个人首先被作为黑人对待，而其他的特征都是次要的。越轨的地位（视乎越轨种类）正是这种主要地位。一个人因为违背规则而获得这种地位，而这种身份确立之后会比其他身份因素更为显著。一个人会先被视为越轨者，随后才被视为其他身份。这就产生了一个问题："是什么样的人才会打破如此重要的一条规则呢?"答案已经有了："是异于我们的那些人，是不能或者不会依道德行事的，并因此可能会打破其他重要规则的人。"就这样，越轨身份成为了最重要的身份。

　　不区分宽泛与特殊地将一个人定义为越轨，会引发一种自证预言（self-fulfilling prophecy）。它启动了几个因素，共同迫使行动者成为人们以为的印象。[11] 首先，当他被其他人判定为越轨，他就不再参与到那些常规的社会群体中去，尽管特定的越轨行为本身绝不会造成对行动者的孤立，但是公众对这一行为的了解和反应会引起这种孤立。例如，做一名同性恋者的性取向并不会影响其工作能力，但是被其他同事知道后，他就可能很难继续在这里工作下去。同样，吸食鸦片类药品并不会损伤人的工作能力，但是吸食行为被发现后则有可能导致失去工作。在这些案例中，个体会发现他很难遵循那些其实并不想违背的规则。那些因越轨暴露而失去"体面"工作的同性恋者，只能转而去一些非常规、边缘化却对个人的性取向比较宽容的行业。至于吸毒者，他们可能因为无法找到正当职业而不得不去做抢劫、盗窃之类的违法勾当。

　　当越轨被曝光之后，公众会以一种普遍的思维方式来看待他，而这样的反应本身也会导致越轨的持续。吸毒成瘾在大多数人看来是个体意志力薄弱的体现，他们无法抵御毒品带来的一时快感，于是他们受到了压制，被严禁继续吸毒。当吸毒者无法通过合法途径获得毒品时，他们就只能使用非法的手段。这不但很自然引起地下

33

黑市的蓬勃发展，也将毒品价格推到远高出当前合法市场价格的水平，以至于普通工薪阶层买不起毒品。因此，对吸毒者越轨行为的抑制，反而将其置于不得不通过犯罪来满足毒瘾的境地。[12] 这种行为是公众对越轨行为的反应所引起的结果，而非越轨行为的内在特征所造成的结果。

34　　更宽泛一些说，公众对越轨者的态度，否认了他们能与大多数人一样过日常生活。正是由于这种否认，越轨者必须发展出非法的例行生活。在以上的诸多案例中，公众的反应或直接或间接地是越轨者所处的社会的整合性的结果。

　　不同社会之间的整合，是指一个活动领域中的社会组织以特定方式与其他领域中的其他活动相啮合，其存在也取决于他社会组织的存在。某些特定种类的工作生活，会预设某种特定的家庭生活，我们在第五章探讨舞曲音乐人的例子时会发现这一点。

　　许多越轨者的困难在于无法满足生活其他领域内的期望。同性恋就是一个很好的例子。在假定性取向正常和对结婚的期望理所应当的任何社会活动领域里，同性恋者都会举步维艰。在大型企业或商业组织这样的稳定工作组织里，通常流行这样的观点：人要成功，就一定要结婚；没有结婚会使一个人很难去走组织中的成功必经之路，从而影响其进取心。婚姻的必要性已经给正常男性带来足够困扰，更不用说给男同性恋者造成的障碍。同样，在一些完全由男性组成的工作团队中，异性恋的气质是在团队中获得尊严的重要保障，而男同性恋者就会因此面临明显的困难。无法满足他人的期望，会迫使个体尝试用越轨手段去完成正常人轻而易举做到的事情。

　　然而很显然，并非被发现越轨、被贴上越轨标签的人，都如上述言论所暗示的那样产生更严重的越轨行为。这种预期并不总是正确的，这类机制也并不总是生效。那么，是什么因素会减少或避免进一步越轨行为的产生？这些因素又是在什么情况下产生影响？

近期，一个关于青少年同性恋卖淫群体的研究，解释了人们是如何避免越轨行为的继续出现。[13] 这些男孩以同性恋的身份，对同性恋成人顾客进行卖淫，即使如此，他们自己也并未成为同性恋者。他们没有继续性越轨，可能出于以下几种原因：第一，警方会保护他们，因为他们还是未成年人。如果他们在同性恋卖淫事件中被捕，即使他们确实是剥削者，他们也会被当作被剥削的孩子们；法律倾向于认为有罪的是成年人。第二，这些男孩只把同性卖淫视为一种赚钱方法，且它比抢劫或其他途径要更安全、更快捷。第三，尽管这些男孩的同龄群体并不反对同性卖淫，但只是允许一种行动，而禁止他们从中获取任何特殊快感，也禁止他们从嫖客那里得到爱慕性表达。违背以上规则，或其他违背正常异性恋行为的越轨，都会受到同伴们的严厉惩罚。

被捕也并不一定导致越轨行为的继续发生，只要个体在初次越轨被捕时还拥有在对错间选择的机会。当越轨者第一次面对其行为而带来的可能非常严重的后果时，他或许决定返回正途了。只要他能够作出正确的选择，他人还是乐于接受他回到常规社群中来；但如果他继续执迷于歧途，那他不但会被排斥，而且也会陷入越轨行为愈演愈烈的循环。

雷（Ray）在对吸毒成瘾者的案例研究中，展示了扭转越轨之循环的困难性。[14] 他指出，吸毒者会常常尝试戒毒，其动机往往是想要让一些他们所重视的非吸毒者意识到他们并没有那么糟糕。但是，他们往往会沮丧地发现，即使在成功戒毒之后，人们仍然会将他们当作吸毒者来对待（这种态度显然是建立在"一日瘾君子，终生瘾君子"的前提之上）。

越轨生涯的最后一步，就是加入一个有组织的越轨群体。当一个人真正加入一个有组织的群体，或当一个人意识到和接受自己已经成为群体成员的事实，这都会大大影响他对自己的认识。一名吸毒成瘾者曾告诉我，当她发现自己的所有朋友都吸毒时，她意识到她再也回不了头了。

有组织的越轨群体的成员的共性，就在于他们的越轨。越轨给了他们命运相通的感觉，仿佛是上了同一条船的人。从命运相通感和面临类似问题中，一种越轨的亚文化产生出来，即关于这个世界是什么、如何应对它的一系列看法和观点，以及以此为基础的一系列日常活动。成为这样一个群体的成员，巩固了一种越轨的身份认同。

加入一个有组织的越轨群体，对越轨者的生涯有几方面影响。首先，越轨群体要比越轨个体更容易去合理化自己的地位。一种极端的表现是，他们会从历史、法律和心理学的角度来为自己的越轨行为辩护。同性恋社群就是很好的例子。由同性恋者创办，或者以同性恋者为对象的杂志和图书，会在其中介绍历史上的同性恋名人。它们也会收录性生理学和性生物学的文章，并由此论证同性恋也是一种"正常的"性取向。不仅如此，它们也会刊登从法律角度出发为同性恋者争取公民自由权利的文章。[15]这些材料共同为积极投身活动的同性恋者提供了一种务实的哲学，告诉他们为什么自己会是同性恋，为什么其他人也会是同性恋，为什么自己的同性恋取向是完全无过错的。

37　　　大多数的越轨群体都有一套自我辩护的逻辑（或者说"意识形态"），尽管很少会像同性恋群体的逻辑那样成形。如前文所述，这种逻辑确实会产生作用，能够中和越轨者对自己行为产生的常规性态度，但另一方面，它们也有别的功能：会给个体提供继续此类越轨行为的貌似正确的理由。一个人接受了这种逻辑，平息了自己的疑虑，却会进入一个可能要比之前更持续稳固的越轨类型中去。

加入越轨群体会产生的另一个结果，就是个体可以学习到如何在越轨活动里尽可能避免麻烦。他在违背规则时所遇到的问题，都是其他成员早已面对过的，他们也已经形成了解决对策。所以，正是惯偷教会蠢贼如何在偷窃商品时不被抓住。所有越轨群体都有一系列针对类似主题的对策秘笈，而新成员则很快学会它们。

因此，越轨者加入一个有组织的、制度化的越轨群体后，要比之前更容易继续越轨。他不但能学会如何躲避麻烦，也获得了继续下去的理由。

另一个值得关注的事实则是：越轨群体的信条往往会包含一种对常规道德准则、常规制度以及整个常规社会的普遍拒斥。我们会在后面舞曲音乐人的案例里分析到一种偏离常规的亚文化现象。

注释

1. 见以下图书中的讨论：James Johnson Kilpatrick, *The Smut Peddlers*（New York：Doubleday and Co.，1960），pp.1—77。

2. 我从约翰·基特苏斯（John Kitsuse）的一篇关于越轨研究中的官方数据使用的论文受益颇多。

3. 参见 Everett C. Hughes, *Men and Their Work*（New York：The Free Press of Glencoe，1958），pp.56—57，102—115，157—168；Oswald Hall，"The Stages of the Medical Career," *American Journal of Sociology*，LIII（March，1948），pp.243—253；以及 Howard S. Becker and Anselm L. Strauss，"Careers, Personality, and Adult Socialization," *American Journal of Sociology*，LXII（November，1956），pp.253—263。

4. Mary R. Hass, "Interlingual Word Taboos," *American Anthropologist*，53（July—September，1951），pp.338—344.

5. Robert K. Merton, *Social Theory and Social Structure*（New York：The Free Press of Glencoe，1957），pp.131—194.

6. 一篇文章中，我着重讨论了"承诺"这一概念，见："Notes on the Concept of Commitment," *American Journal of Sociology*, LXVI（July 1960），pp.32—40。同时参见：Erving Goffman, *Encounters: Two Studies in the sociology of Interaction*（Indianapolis: The Bobbs-Merrill Co., Inc., 1961），pp.88—110; Gregory P. Stone, "Clothing and Social Relations: A Study of Appearance in the Context of Community Life"（unpublished Ph.D. dissertation, Department of Sociology, University of Chicago, 1959）。

7. Gresham M. Sykesand David Matza, "Techniques of Neutralization: A Theory of Delinquency," *American Sociological Review*, 22（December 1957），pp.667—669.

8. Guido D'Agostino, *Olives on the Apple Tree*（New York: Doubleday, Doran, 1940）. 十分感谢休斯（Everett C. Hughes）向我推荐了这本小说。

9. Everett C. Hughes, "Dilemmas and Contradictions of Status," *American Journal of Sociology*, L（March 1945），pp.353—359.

10. *Ibid.*

11. 参见 Marsh Ray, "The Cycle of Abstinence and Relapse Among Heroin Addicts," *Social Problems*, 9（Fall 1961），pp.132—140。

12. 参见美国律师协会与美国医学会关于麻醉品的联合委员会的中期及最终报告: *Drug Addiction: Crime or Disease?*（Bloomington: Indiana University Press, 1961）。

13. Albert J. Reiss, Jr., "The Social Integration of Queers and Peers," *Social Problems*, 9（Fall 1961），pp.102—120.

14. Marsh Ray, "The Cycle of Abstinence and Relapse Among Heroin Addicts," *Social Problems*, 9（Fall 1961），pp.132—140.

15. *One* 和 *The Mattachine Review* 是我所见过的此类杂志。

第三章　成为大麻吸食者

　　尽管没有准确的数据，但美国确实有很大数量的人在吸食大麻。他们明知这是违法且被禁止的行为。

　　吸食大麻的现象引起了广泛关注，尤其得到了精神病学家和执法人员的重视。现有研究关注的问题，常常与对被视为越轨的行为的研究相似：他们为什么这么做？对大麻吸食行为的解释的种种尝试，都深刻地依赖于一条假设：任何特定行为的产生，最好都可以被解释为促使、驱动个体参与该行为的某种特征的结果。在大麻吸食的案例上，这种特征通常被认为是心理层面的，是个体逃避其无法面对的心理问题的幻想需求。[1]

　　我认为仅仅用这些理论来解释大麻吸食行为是远远不够的。事实上，大麻吸食行为对众多越轨理论而言也是一个十分有趣的例子，因为它说明，越轨的种种动机实际上是在经历越轨活动的过程中逐渐形成的。简而言之，并不是越轨动机导致了越轨行为，而是恰恰 相反，是越轨行为逐渐产生了越轨动机。模糊的冲动和欲望——在大麻吸食的例子中，更可能是对大麻所能提供的那种体验的好奇——通过对本身就模糊的身体体验进行的社会阐释，转变为确定的行动模式。大麻吸食行为是个体对大麻及其吸食行为的认识的函数，而这种认识是在个体吸食大麻经验的积累中逐步发展起来的。[2]

本章和下一章所记述的研究，都将重点关注大麻吸食者的生涯。在本章中，我们主要研究个体吸食大麻的即时身体体验，而下一章则将思考吸食者如何应对那些针对大麻而产生的种种社会控制。现在，我们首先要理解的是，在引起**为快感而吸食大麻**的态度和经历中，发生了一系列的变化。这样的问题描述需要更为具体一些的解释。大麻并不会使吸食者上瘾，至少不会像酒精及鸦片类药品那样使人成瘾。吸食者并不会有戒断反应，也不会出现对大麻无法根除的渴求感。[3]最常见的大麻吸食模式可被定义为"娱乐性的"。吸食者时常为了获取快感而不定期吸食大麻，相较于吸食另一些成瘾性毒品，大麻吸食行为相对随意。纽约市市长大麻管理委员会所写的报告就强调了这一点：

41 　　　一个长期吸食大麻的人可以自愿放弃吸食大麻，并且不会因此产生任何渴求或戒断反应。他之后可能会重新吸食大麻。另一些人可能时不时吸烟，一周一到两支，或者仅仅是看"场合需要"。我们的一名调查者一直与一名大麻吸食者保持交往，他们常常会有拿到了大麻烟卷的迹象。他们会去一家大麻店，如果店已打烊，他们就会冷静地继续先前的活动，比如漫无目的的聊天或者打桌球。没有明显迹象表明无法满足吸食欲望会引起吸食者的沮丧情绪。我们认为这一点是至关重要的，因为这与其他毒品的吸食者的经历是截然不同的。如果相似的情况发生在一个吗啡、可卡因或海洛因吸食者身上，那么他会对获取毒品产生强迫性的需求。如果无法获得毒品，吸毒者会产生沮丧的明显生理反应和心理反应。这也是从医学意义上说大麻并不会真正引起上瘾的主要依据。[4]

我使用"为快感而吸食"这样的表述方式，是为了强调大麻吸食行为的非强迫性以及随意性（我也旨在排除少数仅为声望价值而吸食大麻的案例，他们从中并不会得到任何快感，而纯粹是为了表明自己是某一类人）。

我即将介绍的这个研究，并不是为了检验那些将大麻吸食行为与吸食者心理特征联系起来的理论，但它确实表明，心理学解释本身并不足以去解释大麻吸食行为，甚至根本就不是必要的。试图证明这类心理学理论的研究者们，都遇上了两个从未真正解决的难题，而我的理论能够避免它们。其中一个难题是，心理学理论建立在某种诱发性心理特征存在的假设之上，然而它们很难解释吸食者群体。这种群体在每个研究中都以可观的数量存在[5]，但并不会显示出所谓的导致吸食行为产生的一种或多种特征。另一个难题是，心理学理论很难解释给定的一名吸食者对待大麻态度的不断变化。同一个吸食者可能有时难以获得大麻带来的愉悦，然而之后就能够且很乐意也能够从中获得快感，再过一阵子可能又达不到这种状态。以吸食者"逃避"的需要为基础的心理学理论，很难解释这些变化，而这些变化很容易被理解为他对大麻的理解不断变化的结果。同样，如果我们把大麻吸食者视为一些逐渐习得将大麻当作快感来源的人，就不难理解还有心理"正常"的大麻吸食者存在。

我在本研究中采用的方法是分析归纳法。我努力达到的一般陈述主要有两方面，一方面是在吸食者变得愿意且能够吸食大麻获得快感时个体态度和经验上常会发生的一系列变化，另一方面是在吸食者不愿为快感吸食大麻时未出现过或不持续存在的个体态度或经

验上的变化。这一方法要求研究收集到的**每一个**单独案例都能够支

持提出的假设。如果有任何一个个案与假设相悖，研究者就必须修改假设，以适用于推翻了原始观点的那一个案。[6]

　　为了阐述和检验我关于求快感的大麻吸食行为的假设，我一共做了五十例大麻吸食者的个案访谈。我从事这一研究时，已是多年的专业舞曲音乐人，所以我最初的访谈对象是我在音乐界的朋友。我请他们帮我联系其他愿意与我谈论自己吸食大麻经历的人。除此之外，研究鸦片类药品吸食者研究的同事们也为我提供了几次访谈机会，这让我不仅获得了关于鸦片类药品的资料，也得到了丰富的关于大麻吸食者的资料，这对本研究的假设检验也提供了充足的帮助。[7]在五十例访谈个案中，尽管一半的访谈对象是音乐人，但另一半访谈对象比较多元化，包括了体力劳动者、机械师及专业领域人士。当然，样本并不"随机"；我也不可能抽取完全随机的样本，因为人们并不是通过抽样来了解世界的本质。

　　在访谈过程中，我重点关注被访者吸食大麻的经历，努力发掘他在态度和实际吸食行为上的主要变化，以及这些变化产生的原因。在可能、合适的情况下，我会直接引用被访者本人的行话。

　　我的理论始于触及愿意尝试大麻这一关键点的个人（我会在下一章中讨论个人是如何触及这一点的）。尽管他知道其他人能通过吸食大麻"获得快感"（get high），但是对具体的操作过程并不了解。他好奇于这样一种经历，却又对其真实情形一无所知，并担心它会带来比预期更不可思议的结果。这一过程的所有步骤都将在下文介绍，如果一个人逐步经历了所有环节，并在其中形成并保持了相关的态度，那么当机会成熟时，他会自愿并且能够做到以吸大麻为乐。

学习技巧

新手第一次吸大麻时通常不会获得快感，而是需要若干次尝试之后才有可能进入状态。对此有一种解释，即吸食方法并不"正确"，而一个正确的吸食方法必须确保用足够的剂量以产生真正的中毒症状。大多数大麻吸食者都认为，如果是为求快感而吸食，那么绝不能按照吸食普通烟草的方式来吸食大麻：

> 你知道，要吸进很多的气体，并且……我不知道如何描述那种方式，总之和吸烟不同，你要吸入很多的气体，一直深入身体、留在身体里，并让它们尽可能长时间地停留在那里。

如果没有类似的吸食技巧[8]，大麻就不会带来任何效果，吸食者也就不会获得快感：

> ［不能获得快感的］那些人的问题在于他们吸的方式不对。他们要么是让吸入的大麻在体内停留的时间太短，要么是吸入了太少的大麻和太多的空气，要么就是反过来，总之就是类似的一些问题。有很多人的吸食方法不对，自然也就无事发生。

如果吸食大麻后什么都没有发生，那么吸食者也就当然不会产 45
生大麻会给人带来快感的观念，因此也就不会继续吸食大麻。所以要使一个人成为大麻吸食者，必须发生一系列的事件，而第一步就是学会用正确的技巧来吸食大麻，其产生的效果就会使他之前对大麻的观念发生改变。

这种改变与我的预期一样，可能是个体参与大麻吸食群体的结果。他可以在群体中学习到吸食大麻的正确方式，而这类学习可能会通过面对面的指导实现：

> 我用吸烟的方式来吸大麻，他对我说："不要这样吸，而是要用力地吸进你的肺里，让它在里面停留一段时间。"
>
> 我问："停留的时间具体是多久？"
>
> 他说："没有具体的时间，到你想要把它吐出来时就行。"
> 我照他说的方法做了三四次。

许多新手羞于承认自己不得要领，又要不懂装懂，于是只能通过间接的学习途径去观察和模仿他人的吸食方法：

> 你知道，我就装作自己［吸大麻］已经很老练了。我不想看上去像三脚猫一样半生不熟。瞧，事实上我对它一无所知，我不知道怎么吸，也不知道吸了以后会发生什么，什么都不知道。我就只是盯着他，一刻都没离开过，因为我要像他那样做。我观察他是怎么取大麻，怎么吸，还有其他的动作。所以后来当他递给我的时候，我就装作很熟悉的样子，像他那样拿过大麻就抽起来。

我的访谈对象中，没有一个人能不学习技巧就可以做到以抽大麻为乐，因为唯有正确的吸食方法才可能提供足够的剂量，从而带来药效。只有掌握了正确的吸食方法，才会让人觉得大麻可以吸着寻求快感，反之，如果没有这种观念，那么吸大麻也就没有什么意

46

义，吸食者也就不会继续吸食大麻了。

学习感受药效

即便新手已经掌握正确的吸食技巧，他也不一定能够获得快感，因此也就不会形成可以为快感而吸食大麻的观念。其中一个被访者的原话指出了他很难获得快感的原因，这一原因也是成为大麻吸食者所必经的下一个环节：

> 其实我见过一个吸得很爽但自己却没意识到的人。
>
> ［哥们儿，那可能吗？］
>
> 嗯，我承认这很奇怪，但是我真的亲眼见到了。那人和我聊，说他从来没有吸爽过，但其实他说话那会儿已经吸飘了。他坚持说他没有快感，所以我只好证明给他看。

这意味着什么？这说明获得快感由两部分组成：吸食大麻带来的一些症状的存在，以及吸食者意识到这些症状的存在并将其与吸食大麻联系在一起。仅仅有药效是不够的，它不会自动产生快感体验。吸食者还必须能够意识到这些药效，并能够有意识地将它们与达到快感体验前的吸食大麻行为联系起来。不然，无论事实上大麻已经产生了什么效果，他也会觉察不到，"你要知道，我常觉得它对我没用，要么就是想要其他人夸大了它的效果。我猜这纯粹是心理作用吧。"这些人认为大麻的效果纯属子虚乌有，只不过是获取快感的愿望让他们自欺欺人地觉得发生了什么，而事实并非如此。于是他们就不会继续吸食大麻，觉得大麻对他们"毫无用处"。

47

然而十分典型的是，（在观察到获得了快感的吸食者后）新手们通常笃信大麻会带来前所未有的体验，并会不断地尝试，直到效果真正出现。无法获得快感会成为一个困扰，于是他往往会去请教那些更有经验的吸食者，并从他们那里得到一些建议。在这样的交流中，他会发觉那些自己可能并未意识到，或者意识到但没能认为是快感症状的具体细节：

> 我第一次吸的时候没什么爽的感觉……我想我吸入和停留的时间不够长。我可能有点害怕，很快把它吐出来了。第二次我也不确定，他［一起吸的同伴］就告诉我怎样才能感觉到，就像我问了他会有什么症状一样，你知道的，反正是类似的一些问题……他让我坐在凳子上，我就坐上去——我想我坐在吧台的高凳上，然后他说："让你的脚悬空。"后来我从凳子上下来，我感觉自己双脚冰凉。

> 于是我就有快感了。那是我第一次有那样的感觉。大约一个星期后，我又有了很类似的感觉。我自己头一回忍不住大笑起来。我知道大麻起作用了。

获得快感的症状之一是有强烈的饥饿感。在下列个案中，新手正是从意识到饥饿感开始初次体会到大麻带来的快感的：

> 他们都像疯了一样笑我，因为我吃了太多东西。我像条饿狼一样吃个不停，他们就在一旁笑我。有时候我看着他们，并不明白他们为什么笑成那样，要知道，我也不知道当时自己在做些什么。［那么他们后来有没有告诉你他们在笑什么？］有啊，有啊，我就问："喂，哥们儿，出什么事儿了？"就在那一瞬间，

我有一种十分奇怪的感觉。有人说："哥们儿，你现在很爽吧，大麻让你爽了！"我只是说："不会吧，真的吗？"我就像不知道发生了什么一样。

学习也会通过一些更为间接的途径发生：

> 我听过其他人说的一些话。我记得有人说"我腿软"，但我记不住他们说的所有话，因为我一直想认真听出一些我可能会有的感觉的线索。

有些新手很急于获得快感，就会从其他吸食者那里搜集"快感"一词的具体所指，并将这些概念用到自己的吸食经历中去。这些新的概念让他可以在自己的感觉中发现这些症状，也让他在与吸毒相联系的体验中注意到"不同"的东西。只有在他做到这一点时，他才能获得快感。在下一个案中，同一名吸食者对自己连续两次的吸食经历的对比，不仅指明了意识到快感症状的重要性，也重申了与其他吸食者的互动在习得让这种意识得以可能的概念方面的重要角色。

> ［你第一次吸大麻的时候感觉到爽了吗？］是，当然。虽然回头想想其实可能没有。我是说，第一次那会儿，我有点喝醉了。我猜我自己那时候很开心，你应该明白我的意思。但我当时确实不知道我很爽，到了第二次抽大麻的时候，我才头一回感觉到很爽。所以我知道大麻确实给了我些不一样的感觉。
>
> ［你是怎么知道的？］我怎么知道的？相信我，你也来试试那晚发生在我身上的事情，你就会知道了。我们整整两个小时

43

都在弹第一首曲子——同一首曲子！哥们，你能想象吗？我们从晚上九点开始上台，弹同一首曲子。停下的时候，我看了看表，已经十点四十五分了。我们差不多花了两个小时在一个小曲上，但是自己什么都感觉不到。

我想说的是，你要知道，这是大麻的作用。你感觉还有很多时间。反正我是感觉到了，还很强烈。我知道那样的情况完全是因为我吸大麻吸爽了。他们告诉我，大麻就是这样的，你对时间和其他东西的感觉都会完全不一样了。所以我意识到了是大麻。我就知道了。第一次我可能也有类似的感觉，但是我完全稀里糊涂的。

新手只有在开始能够像这样获得快感时，他们才会继续为快感而吸食大麻。在所有继续吸食大麻的案例中，吸食者都习得了那些可以表达自己在体验大麻带来的新感觉的必要概念。也就是说，吸食继续的必要条件，不仅包括让大麻产生药效，也要让吸食者学会在药效出现时能够感受到。只有这样，大麻对于吸食者来说才真正成为一个能以此为乐的东西。

随着经验的积累，吸食者对大麻效果的体会也越来越多；于是他不断学会获得快感。他会仔细研究几次连续的吸食经历，寻找大麻带来的新药效，并确认那些以往就有的症状也仍然存在。从中，他可以总结出一套稳定的范畴，来容纳能让他轻而易举地获得快感的药效体验。

在习得这一套范畴之后，吸食者开始变成吸食大麻的行家。他们就如同美酒鉴赏家一样，可以说出特定一种大麻的生长地和收获时节。虽然通常很难评判这些性质的准确性，但是他们确实能够区分不同批次的大麻，不仅是通过大麻的药效强弱程度，也通过它们

50

所产生的不同症状。

感受大麻药效的能力对持续吸食至关重要；一旦丧失了这种能力，那么吸食也就随之停止了。有两个证据可以支持这一论断。第一，那些转而酗酒或使用巴比妥类、鸦片类药品的人不会继续吸食大麻，因为他们已经不能区分大麻和其他毒品的药效。[9]他们不再知道大麻是否还能给他们带来快感。第二，在一小部分个案中，个体的大麻用量总是可以给他们带来快感，他往往会觉得大麻似乎已经失效了，因为已经没有什么关键要素能体现出获得快感与感觉平平之间的显著区别。在这种情况下，吸食者可能会彻底放弃吸食大麻，但这也是暂时的，因为他可能会再次感受到大麻的不同之处。

学习享受药效

吸食者在学会获得快感后要继续吸食，另一个必要环节是：他必须学会享受他刚刚体验到的药效。因为大麻带来的感觉并不一定是令人愉快的。品味这一体验完全是社会性地习得的，就如品味牡蛎的味道和干马丁尼酒一样。吸食大麻会让人眩晕、口渴、头皮发麻，还会让他分不清时间和空间。这些难道都令人感觉愉快吗？吸食者自己并不确定。如果他要继续吸食大麻，他就必须确定这些症状都是快感的一部分。不然，在一次足够真实的体验中，所谓的快感只是他宁愿避免的不适感。

当吸食者初次体验到大麻带来的药效时，身体可能会不适，或至少有模糊不清的感觉：

> 它开始起作用了，但我并不清楚发生了什么，那到底是什

51

45

么，只是感觉很不舒服。我在屋里走来走去，希望能够摆脱这种感觉；那第一次的体验让我感觉非常害怕，我很不适应。

除此以外，新手对自身反应的无知解释，会让他更加困惑和恐惧，特别是在他像很多新手一样认为自己要疯了的情况下：

我觉得我已经疯了。不论别人对我做了什么，都只会激怒我。我完全不能对话，我的头脑也很混乱，我想的一直都是，我也不知道是不是，一些很奇怪的事情，就像听到了别的音乐……我就是觉得自己没法和别人说话了。我完全傻了。

由于初次试毒通常就像这样可怕和不适，新手除非学会把这些感觉重新定义为快感，否则就可能不会继续吸食了：

他们递过来，我就试了一下。我告诉你吧，我一点都不觉得享受。我是说那绝对不是什么能谈得上享受的东西。[那你继续吸的时候觉得爽吗？]爽啊，我吸了后确实有些感觉，但我并不觉得享受。我是说我会有很多的反应，但是大多数反应都是害怕。[你害怕了吗？]是的，我一点也不觉得享受。我好像根本就无法放松。如果你对一个东西总是神经紧张，我想你是不可能享受它的。

52 在另一些初次试毒经历同样不怎么愉快的个案里，有的人却成为大麻的长期吸食者。不过，这种情况通常发生在近期吸毒经验让他们能够把这些感觉重新定义为快感之后：

　　[这个人第一次吸大麻的经历极为痛苦，大麻让他在空间关系和声音上产生了扭曲感，伴有强烈的口渴和这些症状带来的强烈恐慌。]在那第一次之后，我差不多有十个月到一年的时间没再碰过大麻……这不是道德上的问题，只不过是那种强烈的快感真的把我吓坏了。我真的再也不想那样了，我觉得我的反应是："如果那就是他们所说的快感，那我真的一点都不喜欢。"……所以后来，我有一年都没再吸过……

　　我的朋友里又有人开始吸，于是我也重新开始吸了。但那之后，我再也没有过像第一次那样的感觉。

　　[他在与其他吸大麻的朋友的互动中，逐渐学会了如何从药效中获得快感，并最终成为了一名定期吸食者。]

　　在所有个案中，新手都是在将药效重新定义为快感之后才会继续吸食大麻。

　　这种重新定义通常是在新手与有经验的吸食者的互动中产生的，这些经验丰富的人会用各种方式教会新手如何在最初可怕的体验中找到快感。[10] 他们会用那些不适感的临时性打消新手的疑虑，把问题的严重性最小化，并让他们去留意比较愉快的感觉。一个有经验的吸食者在描述他如何教新手吸大麻时说：

　　他们有时会吸到很爽，但普通人并没有准备好，他们有时会因这些感觉而害怕。我是说，他们可能曾经喝酒喝飘过，但从没有像现在这样爽过，他们不知道出什么事儿了。这是因为他们觉得自己会一直一直这么下去，直到失去意识或是开始行为古怪。你必须不断地让他们放轻松，向他们解释，不会真的失去意识或是怎么样，什么事都不会有。你必须要让他们不再

47

害怕，要一直和他们说话，让他们确信不会有事。然后你自己也要吸给他们看："我也有过这些反应，你们不久后就会和我一样了。"像这样做下去，很快，他们就不那么害怕了，他们也看见你是怎么抽的，没有发生什么可怕的事情，所以这也给了他们更多信心。

经验丰富的吸食者也会教新手仔细控制吸食大麻的用量，以此避免产生过于猛烈的不适症状，并保持愉悦的感觉。最终，他会教新手去"慢慢喜欢上那种感觉"，教新手把最初被定义为不愉快的那些感觉视为快感。下面这个案例中的老练的大麻吸食者，就是这样转变对大麻的嗜好的，而他的话也帮助另一些吸食者进行了类似的重新定义：

> 一个女的第一次吸大麻后出现了一些反应，很害怕，并出现了歇斯底里的症状。她说她"感觉自己一半在屋子里，一半已经不在屋里"，还有一些严重的生理反应。当时在场的一个有经验的吸食者说："她是因为爽了才有那样的感觉。我很多年没那么爽过了，巴不得自己能那样呢。"

简言之，曾经让人害怕和不适的感觉，会随着吸食者对大麻兴趣的建立而被享受、欲求和向往所取代。而享受则始于从他人那里习得的对大麻体验的积极定义。如果没有这样一个前提，吸食者就不会认为吸食大麻可以获得快感，也就不会继续吸食下去。

除了作为成为一名大麻吸食者的必经环节以外，这也体现了持续吸食行为发生的一个重要条件。对于有经验的大麻吸食者来说，突然有不愉快或让人害怕的经历也很寻常，这有可能是因为他们吸食了远多于平时用量的大麻，也可能由于当时所吸食的大麻质量要比预期的高很多。于是，吸食者会产生超越他快感观念的一些感觉，就如新手一样产生了不适感和恐惧感。他可能会将这些不好的感觉归结于用量过度，觉得只要以后注意一些就可以了。但是他也有可能借此重新思考自己对大麻的态度，认为大麻已不再能带来快感了。在这种情况发生后，如果吸食者没有把大麻重新定义为能产生快感，他就会停止吸食行为。

这种重新定义大麻的可能性，取决于个体对其他吸食者的参与程度。如果参与程度较高，那么其他人会很快会说服他摆脱对大麻体验的质疑。但是在下一个案例中，吸食者的经历也深深困扰着他，并且那一次经历的创伤让他几乎不再与其他吸食者来往。他整整有三年时间没再吸大麻，直到各种环境因素使他最后重操旧业，而其中一个重要因素便是与其他吸食者恢复了联系，并由此对大麻的性质有了重新定义：

> 它太猛了，我只不过吸了四口，但是就好像不能把它从嘴巴里吐出来一样，我太爽了，我几乎已经有点神志不清了。你得知道，我当时在地下室里，但我已经根本待不下去了。我感觉心怦怦跳得厉害，感觉很快就要失去意识；我就觉得我快神志不清了。所以我冲出了地下室，另一个家伙也吸得快失去意识了，他一个劲地说："别走，你别把我一个人留在这儿。你别走。"但是我不能继续待在那儿了。
>
> 我走出去，当时外面是零下五度，我觉得我快死了，我敞开了我的衣服。我在不停的出汗。我的五脏六肺都……我走过了差不多两个街区，然后倒在了一个矮树丛后面。我不知道自己在那里躺了多久。我醒来的时候感觉简直糟糕透了，我描述

55

不出那种感觉，后来我就去了保龄球馆，想尽量表现得正常一些，我试图去打球，就想表现得正常些，我坐立不安，怎么都不是，我就起来，找了个别人放球瓶的地方躺下，但这也没有什么用，所以我就去看医生。我想让医生帮我从这种可怕的痛苦里解脱出来……因为心脏在我的身体里重重地跳动……整整一个礼拜，我都在恍惚中，出生入死，所有的东西在我眼里都变得不正常起来……后来我就很长时间没有再抽大麻了。

[他去看了医生，那个医生将他的症状诊断为"紧张"和"焦虑"引起的神经崩溃。尽管他后来没有再吸食大麻，但是那些症状还是反复出现，这也让他怀疑"都是自己神经紧张引起的"。]所以后来我就一点也不担心了，大约是三十六个月之后，我重新开始吸大麻，那次就抽了几口。[他第一次重吸大麻的同伴正是当初地下室里的那个。]

所以说，只有当一个人学会将大麻的药效定义为快感，只有大麻成为并一直被他视为可以带来快感的东西，他才会开始以吸食大麻为乐。

综上所述，一个人必须经过学习过程来认识到大麻有这样的用处之后，才能够通过吸食大麻获得快感。一个人成为大麻吸食者有三个必要条件：（1）学会以能发挥实际药效的方式来吸食大麻；（2）学会认识这些药效，并将药效与吸大麻联系起来（也就是学会获得快感）；（3）学会享受他所感受到的这些感觉。在这个过程中，他会逐渐产生最初开始吸大麻时所没有、所没能有的倾向和动机，因为这涉及和取决于他对大麻的观念，而这些观念也只有经过以上这类具体经验之后才会慢慢形成。完成这一过程之后，他才会愿意和能够为快感而吸食大麻。

56

简单点说，他学会的是对"那好玩吗？"这一问题说"是"。他是否会继续吸食大麻，都取决于他是否能一直对这个问题说"是"，也取决于他是否能对"那合适吗？""那道德吗？"这类在他注意到社会反对吸食大麻时遇到的问题说"是"。一旦他能够习得通过吸食获得快感的能力，那他就可能继续吸食大麻。而是否道德及合适方面的考虑，或是来自社会的一些反应，可能会影响甚至禁止大麻的吸食，但他对大麻的观念也会使继续吸食成为可能。只有吸食者因为某些经历而改变了自身对大麻的看法，从而失去了从大麻那里获得快感的能力，他才有可能放弃继续吸食大麻。

注释

1. 此路径的例子如下：Eli Marcovitz and Henry J. Meyers, "The Marihuana Addict in the Army," *War Medicine*, VI（December 1944），pp.382—391；Herbert S. Gaskill, "Marihuana, an Intoxicant," *American Journal of Psychiatry*, CII（September 1945），pp.202—204；Sol Charen and Luis Perelman, "Personality Studies of Marihuana Addicts," *American Journal of Psychiatry*, CII（March, 1946），pp.674—682。

2. 这一理论观点源于米德在《心灵、自我与社会》中的讨论。见 George Herbert Mead, *Mind, Self, and Society*（Chicago：University of Chicago Press, 1934），pp.277—280。

3. 参见 Roger Adams, "Marihuana," *Bulletin of the New York Academy of Medicine*, XVIII（November 1942），pp.705—730。

4. The New York City Mayor's Committee on Marihuana, *The Marihuana Problem in the City of New York*（Lancaster, PA：Jacques Cattell Press, 1944），pp.12—13.

5. 参见 Lawrence Kolb, "Marihuana," *Federal Probation*, II（July, 1938），pp.22—25；以及 Walter Bromberg, "Marihuana：A Psychiatric Study," *Journal of the American Medical Association*, CXIII（July 1, 1939），p.11。

6. 这一方法描述于 Alfred R. Lindersmith, *Opiate Addiction*（Bloomington,

IN：Principia，1947）。这一文献对此方法进行了较多探讨。见 Ralph H. Turner，"The Quest for Universals in Sociological Research，" *American Sociological Review*，18（December 1953），pp.604—611，以及此处所引的文献。

7. 得益于所罗门·科布林（Solomon Kobrin）和哈罗德·芬斯通（Harold Finestone）的帮助，我才可能安排并完成了这些访谈，特此致谢。

8. 有药理学家认为这一技术实际上是使药物进入血液的十分有效的途径。见 R.P. Walton，*Marihuana：America's New Drug Problem*（Philadelphia：J.B. Lippincott，1938），p.48。

9. "吸食者反复提到在吸食时饮用威士忌会破坏药效。他们发现，在饮用威士忌时很难得到药物带来的'快感'，因此吸食者在吸大麻时都不会饮酒。"见 New York City Mayor's Committee on Marihuana，*The Marihuana Problem in the City of New York*（Lancaster，PA：Jacques Cattell Press，1944），p.13。

10. Charen and Perelman，"Personality Studies of Marihuana Addicts，" *American Journal of Psychiatry*，CII（March，1946）"Personality Studies of Marihuana Addicts，" *American Journal of Psychiatry*，CII（March，1946），p.679.

第四章　大麻吸食与社会控制

　　一个人如果要形成稳固的大麻吸食模式，学会享受大麻是一个必要条件，但并不充分——他还需要与那些认为吸食大麻不正确、不道德或两者兼有的强大社会控制力作斗争。

　　有悖于社会基本价值规范的越轨行为的一个发生要素，就是在平常维持符合价值的（valued）行为的那些社会控制，现在出现了断裂。这一过程在复杂社会里更加难解，因为社会控制的断裂往往是由所参与群体自身的文化和社会控制与更大的社会环境背道而驰造成的。因此，越轨行为产生的重要因素，可能位于人们脱离社会控制的束缚，并对较小群体的社会控制做出反应的过程当中。

　　社会控制对个体行为的影响首先是通过权力的实施和制裁的执行来实现的。符合价值的行为会受到赞赏，反之，有悖于价值的行为会受到惩罚。但如果总是需要强制执行，那么社会控制的维持也就比较困难，因此也就需要其他一些具有相似功能的细微机制来进行辅助。其中一种，就是通过影响人们对需要控制的活动，以及参与这种活动的可能性或可行性的观念，来实现对行为的控制。而这

58　些观念是人们在与那些在经验中被视为遵纪守法的人交流的社会情境中产生的。这种社会情境井然有序，让个体们去认识到特定活动是错误的、不当的、不道德的，从而避免参与其中。

　　这种视角让我们在分析越轨行为的成因时，考虑那些产生了无效制裁，产生了转变人们观念、让他们觉得行动可以实现的经验的事件。在这一章里，我会用大麻吸食行为的例子来分析这样一个过程。我的基本问题是：尽管存在着诸多预防这类行为的社会控制，但是人们还是能够继续吸食大麻，在这样的一系列事件和经历中，先后顺序是怎样的呢？

　　在美国，有许多强硬力量在控制着大麻吸食行为。吸食大麻不仅是违法的，而且会受到严厉的制裁。其非法性让人们获取大麻时不那么容易，在吸食者面前设置了一道道直接困难。而实际吸食也有着被捕和锒铛入狱的危险。除此之外，如果一个人吸大麻被家人、朋友或者雇主发现，他会被视为具有往往与吸毒关联在一起的那些附带特性。他不但会被认为缺乏责任感、毫无自控能力，甚至是神经错乱的，而且还要接受各种形式的惩罚，这些惩罚大多是非正式的，但却往往十分有效，例如对吸食者的排斥和情感疏远。最后，一系列壮大的传统观念，认为吸大麻是对基本道德律令的违背，会造成丧失自控能力、弱化意志力，最终让人成为大麻的奴隶。这些观点非常普遍，也对制止大麻吸食行为有着不可忽视的影响力。

　　一名大麻吸食者的生涯可分为三个阶段，每个阶段都代表了他与来自更大社会环境的控制以及与大麻吸食行为所处的亚文化的关系的一次显著转变。第一个阶段代表的是**新手**，即初次吸食大麻的人；第二个阶段代表的是**非定期吸食者**，他们的吸食行为是间或发
59　生的，主要取决于机会因素；第三个阶段则是指**定期吸食者**，他们的吸食行为颇有规律，通常成为了每天必做的常规功课。

首先，让我们考虑这样一些过程：随着大麻吸食程度的加深，多种社会控制的效果要么逐渐衰弱，要么依然对防止吸食行为存在影响。我们主要考虑到的社会控制有这么几种：（1）限制大麻的供应以及获取途径；（2）避免让非吸食者发现某人是大麻吸食者；（3）将该行为定义为不道德的行为。社会控制若在后文中的一种或几种阶段中被认为不够有效，也可以被认为是造成大麻吸食持续发生、有增无减的一个重要因素。

供 应

首先，大麻的吸食是受到限制的，依照法律规定，拥有或者贩卖毒品都会受到严厉的法律制裁。这使得大麻的经销受限于一些非法途径，这些获取途径对普通人来说不是那么容易的事。一个人必须参与一些可以接触到大麻供应的社会群体，才有机会开始吸食大麻，而这些群体的价值观和活动往往与更大的常规社会背道而驰。

在这些非常规性的大麻吸食圈子里，新成员要获得尝试大麻的机会只不过是一个时机问题：

> 我和在学校认识的这些家伙混在一起，其中一个手上有些大麻，于是他们就去抽了。他们觉得我也会抽，他们从没问过我，但我不想被他们瞧不起，所以我什么都没说，跟他们走到了那个角落。我看见他们在抽一些含大麻的香烟。

另一些群体并不直接提供大麻，但是参与该群体就有机会接触 60
到供应大麻的人：

问题的关键是我不知道我们在哪能搞到大麻。我们都不知道到去哪里找，也不知道怎样找到法子。这儿有个女的……她有一些黑人女友，她过去和她们一起混的时候吸过大麻，可能吸过一两次。但她比我们中的任何人都要更懂大麻。后来她从黑人女友那里搞了一些来，一天晚上就带来了几根。

在上述两个案例中，这样的参与都提供了初次试毒的条件，也就是有机会获得大麻。同时，它也提供了下一阶段——**非定期吸食**的产生条件，即吸食者会偶尔和非定期地吸食大麻。当一个人有了一定吸食经验，并开始能够通过吸食大麻来获得快感之后，吸食就与大麻的获取密切相关起来。个人因接触到大麻提供者而发生吸食行为；若非如此，吸食也就随之停止。所以，吸食往往受制于他对其他吸食者的参与所创造的获取途径。一名处于这一阶段的音乐人说：

我吸得爽的时候都是我在玩音乐的时候。我最近几乎都没怎么去玩过……我已经结婚十二年了，我结婚以后就很少去玩了。你要知道，我白天必须上班，我没什么时间再去玩。我也没什么机会去搞音乐，所以也就不怎么吸大麻了。

我唯一会吸大麻的场合，就是当我和其他一些玩音乐的人在一起，他们吸，我也吸。我差不多有半年没爽过了。六个月里完全没有。我开始在这儿演奏有三个星期，我每个星期五和星期六都会抽得很爽。这就是我的状态。

[在我观察这名男音乐人的几个星期里，他每一次吸大麻都完全依赖于所在乐团的其他成员，或者新来酒馆的音乐人，

61

一有大麻，他就会一起演奏。]

如果一个人要从非定期吸食模式进入更为定期而系统的吸食模式，那么他必须有一个稳定的大麻供应源，而不能只依靠与其他吸食者的偶尔接触。也就是说，他必须自己与毒贩建立联系。尽管大宗的大麻购买对定期吸食是必要的，但是这样的买卖通常并不出于这一意图而进行；不过，一旦成交，这一买卖就会让之前未有过的定期吸食成为可能。这样的买卖往往出现在吸食者更受大麻吸食群体的控制时：

> 我和这一大群常吸大麻的人在一起，他们总是叫我吸，直到情况变得很尴尬。因为我从来没有吸过，和他们都没法交流……所以我问了问怎样取货，然后第一次吸了大麻。

当然，直接从贩子手上购买要更加实惠一些，因为没有中间人，而且和普通生意一样，量大从优。

但是要能买到量大从优的大麻，吸食者就必须要有一定的"关系"——认识做大麻生意的人。贩卖大麻是违法的勾当，所以如果要买，你就必须知道在哪里能找到他们，然后让他们确认你是个毫不犹豫就会购买的买家。这对于偶尔参与大麻吸食群体的人来说非常困难，但对于早已熟识这些群体的人来说就简单多了，因为他们更容易获得信任，也就更容易得到卖家的信息，并被介绍给卖家。在被确认为群体的一分子之后，他也就被认为是可以放心交易而不会危及他人的人。

但即使有了获取大麻的机会，也有许多人并不敢轻易尝试，因为被捕的潜在危险让他们望而却步： 62

如果这完全是自由买卖的，那我可能就一直会在手头留一些。但是……［你是说如果这是合法的？］对。［那么，你不想把自己卷进去……］我是不想陷得太深。我不想和那些做买卖的人走得太近。我搞到这些东西从来不难。我只是……通常是别人手上有一些，我需要就搞一点。为什么我从来不自己去找那些大麻贩子或联系人？我想，你可以认为我从来都不觉得有什么必要。

这种恐惧的情绪只在没尝试过购买时才会出现。只要一次购买成功，他们就会以这次经历重新评估购买所涉及的危险；这种危险再无法阻止购头了。取而代之的是在购买过程中现实性的谨慎，它并不过度担心被捕的可能性。买家有了最基本、最普通的防备后，就可以放心购买大麻。尽管大多数的被访者都有过购买大麻的经历，但还是有极少一部分人因为法律原因而难以防备。

对于那些与卖家建立联系的大麻吸食者，定期吸食经常由于卖家被捕或失踪而中断。在这种情况下，只有找到新的大麻供应来源，他才可能恢复定期的吸食模式。下面这个年轻人就不得不中断一段时间：

汤姆坐牢了，他们抓住了他。然后是克莱默，怎么回事来着……对了，我欠了他一些钱，也好久没见他了，后来我去找他时，发现他搬走了，我怎么也打听不到那家伙去了哪儿。这条线就这么断了……［然后你就不知道从哪儿弄到大麻了？］对。［所以你就没再抽了？］是的。

63

大麻供应来源的不稳定是对那些定期吸食的一个重要控制因素，也间接反映出社会对毒品交易的法律制裁情况。法律执行对吸毒的控制，不是通过直接制止吸食者，而是通过限制大麻来源，使其不再可靠，由此令大麻的获取困难重重。

从初试到定期的每一吸食阶段，都有各自不同的大麻供应模式，没有它们，也就没有吸食行为。因此，限制毒品获取的种种社会机制能够限制大麻的吸食行为。然而，参与一些大麻吸食群体会使限制供应渠道的社会控制失去效用。这样的参与也增强了成员对吸毒群体控制手段的敏感性，使得成员受到了寻找新获取途径的压力。大麻供应模式的变化反过来也会为吸食者进入新阶段创造条件。于是，我们也许可以说，群体参与程度的变化，会使个体在当下只能通过非法途径获得大麻，进而也导致了个体吸食阶段的变化。

隐秘性

大麻吸食行为也受限于个体对该行为的态度：当个体已经意识到吸大麻是不恰当的，或相信日后自己会发现这一点的时候，大麻吸食就会因此受限。这种不恰当感，不论是实际的还是假设的，主要是出于一种事实或信念：一旦被不吸大麻的人发现自己的行为，自己会受到严厉的制裁。但是吸食者对这类制裁没有明确的概念，因为很少有人亲身体验过，也很少有人认识曾因吸大麻而被制裁的人；大多数大麻吸食者都是秘密的越轨者。尽管吸食者并不清楚惩罚具体会是怎样的，但他们大致明白：他们害怕那些自己想要获得其尊敬与接纳的人在实际生活中和情感上否定自己。也就是说，吸食者认为一旦自己被不吸食的人发现，他与这些人的关系就会被干

64

扰和中断，而他对自己吸毒行为的限制与控制程度，就取决于他与局外人关系的重要程度。

但是，这种控制会随着与其他吸食者的交往和自身吸食经历的积累而逐渐丧失效用。吸食者会意识到，尽管被那些不吸食大麻的人发现后，自己会得到惩罚，但那些人永远也发现不了。对各个阶段的大麻吸食者来说，这种认识上的改变可以让他们向下一阶段发展。

对于新手而言，要保证吸食行为的继续，就必须考虑并努力克服以上这些重要的想法。这些新手的担忧会被他人对自己的看法打破——他们就是更为老到的吸食者，这些人显然就几乎或彻底没有此类担忧，能游刃有余地保持吸食而免受处罚。一个人只要"试过一次"，他们就会发现这一点，渐渐消除恐惧和担忧。因此，与其他吸食者的交流会给予新手初次试毒所需的合理化过程。

对吸食大麻的更深层参与会让新手得到进一步的结论：只要保持谨慎的态度，确认非吸食者不会在场或不愿介入，不论多么放纵的吸食行为就都是安全的。这种看法是新手向非定期吸食阶段迈进的一个必要前提，在这一阶段，吸食行往往是在其他吸食者发出邀请的情况下发生的。但尽管这样的视角使非定期吸食阶段成为可能，它仍然不会允许定期吸食出现在吸食者与非吸食者相互隔离到非定期吸食模式可以存在，但二者未完全隔离开的世界中。吸食者才能以刚才那种看法维持偶尔的吸食行为。两个世界有连接的观点，对非定期吸食者来说是危险的，因此他们必须只能将吸食大麻限制在两个世界看似无法相遇的场合之内。

65　　而另一方面，定期吸食体现的是一种系统而例行性的吸毒模式，这种模式下的吸食者并不会顾忌这类可能性，并会规划吸到产生快感的周期。这种吸食模式取决于对被非吸食者发现可能抱有的另一种态度，即他们可以在非吸食者的鼻子底下吸大麻，也可以在社会参与中将与非吸食者的交往降到最低。如果吸食者不这样调整态度和交往方式，他就不得不一直停留在非定期吸食的阶段。这样的调整涉及两种类型的风险：其一，持有大麻会被非吸食者发现；其二，吸食者很难在非吸食者面前掩饰大麻药效发作时的反应。

持有大麻的困难是阻碍人们成为定期吸食者的因素，这一点在下面这个与父母同住而无法定期吸食的小伙子的话中得到了体现：

> 我从来不想把大麻带回家。[为什么？]因为我总是担心被我妈发现之类的事情。[你觉得她发现了后会说什么？]唔……他们从来不会说起任何吸毒或者类似的话题，但是我知道，对于我所在的这样一个大家庭来说，这会是一件非常糟糕的事情。我的兄弟姐妹会对我非常失望的。[所以你不想这些事发生？]是的，我不想。

在这种情况之下，对秘密暴露的可能结果的预见会阻止他持有定期吸食所必需的大麻剂量。他的吸食一直是无规律的，因为这只会在遇上其他吸食者时发生，而并不是想吸就吸。

除非他找到方法解决困难，破坏这些阻碍吸毒的社会关系，他才有可能成为定期吸食者。人们通常不会为了定期吸食大麻而离开家庭。但一旦他们离开，不论原因如何，先前遭到排斥的定期吸食就都成为了可能。那些确定的定期吸食者在与非吸食者建立新社会关系时，常常会很认真地考虑到这一关系对他的吸食行为可能造成的影响： 66

> 我不会和一个因为我[吸大麻]而跟我过不去的人结婚。

我是说，我绝对不会娶一个不信任我……认为我会伤害自己或是他人的女人。

如果形成了这样的情感，吸食者往往会退回到非定期吸食的阶段：

[这个男人过去经常吸大麻，但他的妻子坚决反对。] 我不吸大麻的最主要原因当然是我太太。有那么几次，我感觉……也不是特别想抽，但就是想来点儿。[他要继续吸食，只能非定期地吸食，只能在他妻子不在场、无法控制的情况下偶尔为之。]

如果一个人近乎完全地融入一个由吸食者群体，以上问题在方方面面都不存在了，定期的吸食行为也得以发生，除非吸食者与常规社会建立了新的关系。

对于一个定期和例行的大麻吸食者来说，他不可避免地会发现——尽管在城市社会中，这诸种角色也不可能被完全分离——自己在希望保密的非吸食者同伴面前会产生快感。由于大麻会产生诸多症状，吸食者自然会害怕这会让自己吸大麻的事实暴露无遗，因为他可能无法控制那些症状，也就泄漏了秘密。类似于难以集中注意力，或难以正常对话这样的症状，让吸食者害怕所有人都会知道他这样表现的原因，这样的行为也会自然被解释为吸毒的迹象。

而那些成为定期吸食者的人则成功避免了这样的两难。情况可能正如之前所说的那样，吸食者几乎完全参与进一个吸毒亚文化群体中去，所以他们与非吸食者的接触已经降到最低，只与那些他们在乎的非吸食者保留十分有限的关系。但要与常规社会孤立开来是不可能完全做到的事情，所以吸食者必须学习另一种方法来避免这种因非吸食者所造成的两难，这种方法对那些从未被如此完全分隔开来的参与者来说是最为重要的。这包括要学会在有非吸食者在场时控制大麻发作时的表现，以骗过非吸食者，在继续与他们相处的同时成功守住秘密。如果吸食者学不会这一点，那么他在一定情境中就不敢吸食，也就不可能成为定期的大麻吸食者：

> 哥们，我告诉你一件事，那实在太可怕了。你有没有试过在家人面前表现出你吸大麻后的快感？我很害怕那样。比如在吸大麻后和我的父亲、母亲或者兄弟说话，我就根本没法想象。我不能这么做。我觉得他们坐在那里看着我，好像知道大麻正在我身上发作起来。这太可怕了，我恨这种感觉。

但大多数有过类似感受的人却成为了定期吸食者。他们在有了以下这种经验之后，就改变了自己对被发现的可能性的想法：

> ［你开始就经常抽吗？］不，不那么经常。我说过，我有点怕。到了 1948 年的时候，我才开始抽得比较厉害了。［你那时候怕什么呢？］我是怕我吸了之后控制不了自己的行为，很担心放着不管会发生什么。特别是在工作的时候。大麻药性发作的时候我都不能相信我自己，我怕会失去意识或者做出什么蠢事来。我不想太癫狂。
>
> ［你是怎么解决这个问题的？］就是因为一件事。有天晚上，我吸了大麻之后突然感觉很放松，棒极了，非常享受。从那以后，我都能把大麻的量控制在自己不会惹出什么麻烦的程度上。我就一直能控制它了。

68

一种典型的经历是，当吸食者必须完成某些行动，但在吸了大麻的状态下他确信自己无法正常完成。他初次意识到自己能顺利做事，并不让别人发现自己处于大麻药性之下时，这让他惊讶不已。但是随着类似的成功经验的积累，他认为自己可以做秘密的越轨者，而之前的担忧都是多余的，建立在错误的前提之上。如果他想定期吸食大麻，他就不再会被这种恐惧阻止吸食了，因为他会以这类成功经验来让自己相信不会被非吸食者察觉：

[我曾提到，许多吸食者处于大麻作用之下时很难顺利地完成工作。但是这名被访者，一名机械师，在访谈中谈到了他是如何解决这个问题的。]

这没有给我带来什么麻烦。一次经历为我证明了这一点。一晚，我去了一场比较野的派对，玩得比较疯，吸了大麻，也喝了不少酒，感觉很爽。到第二天我去上班的时候，我仍然不太清醒。但是那天我有一个非常重要的工作要做，并且必须要做好。老板好几天来一直都在教我，告诉我该如何做，等等。

69

[他去上班的时候，大麻的药效还没有过去，他记得自己肯定完成了工作，但因为他还有很强的快感，所以没有清晰的记忆。]

大约到了三点四十五分的时候，我终于完全清醒过来："我的天，我在干什么？"于是我就回家了。我一晚上都睡不着，一直都在惦记着我是不是已经把工作给搞砸了。直到第二天早上再去上班，我才知道其实自己那件破工作完成得相当漂亮。所以后来我就再也不担心了。从那时起，许多早上我都会在还没完全清醒过来时一样去上班，这没有任何的问题。

当然，并非所有的吸食者都会面对这样的问题，因为一些吸食者参与的社会中不会出现这样的问题；他们完全整合进了越轨群体里。他们身边的人都知道他们吸食大麻，也就根本不在乎是否被人发现，而他们在常规社会里认识的人少之又少且无足轻重。而还有一些人，他们为了不让其他人觉察到自己处于大麻的效用之下，采用了特殊的方法：

> 他们［住在附近的其他男孩子］永远不会知道我是不是吸了大麻。我经常吸，但他们不会知道。高中时，大家一直认为我很傻，所以不论我做什么，都不会有人注意。所以我在任何地方都不用担心被人发现。

简言之，吸食者会根据对被身边重要的非吸食者发觉自己吸大麻、并报以惩罚的恐惧程度，来限制自己吸大麻的行为。但只要他把吸食大麻视为能轻而易举保密的行为，他也就会认为之前的顾虑是多余且不现实的，这种控制也就消失了。对于不同程度和阶段的大麻吸食者（新手，偶尔吸食者和规律性的吸食者）来说，每一吸食阶段的出现，都需要以个人修正自己对危险的观念，以允许其发生。

道　德

70

常规社会的道德概念是对大麻吸食行为的另一种控制方法。在这里，运作的基本道德律令就是要求每个个体都能够对自己的幸福负责，并能够理性地控制自己的行为。而对吸毒者的刻板印象通常认为他违反了上述律令。最近有一段话描述了大麻吸食者，它印证了这种刻板印象的主要特征：

> 在沉迷于大麻的最初阶段，不仅个人的意志力会丧失，所有的抑制和约束也会失去效用；道德壁垒被打破之后，结果往往是放荡淫逸。当人内部还存在精神方面的不稳定时，通常会出现暴力行为。自大者会尽情享受那种美妙的错觉，内敛者则会出现焦虑的情绪，而有侵犯性的人则会诉诸暴力和犯罪行为。休眠的状态会逐渐释放出来，此时他们自己清楚发生了什么，但却无力阻止。持续吸食大麻会让他无法工作，并引起目标的迷失。[1]

当然，对于人成为毒品的奴隶的观点，我们还需要补充一点，那就是吸食者心甘情愿如此，陷入一种无处逃离的习惯。严肃地持有这种刻板印象的人会在吸毒上遇到阻碍。他不会尝试，也很难维持或加剧吸食行为，除非他能够以对吸毒的替代性想法来抵消他的刻板印象。不然，他就会同大多数社会成员一样，认为自己是一个越轨的局外人。

71 　　新手有时还会认同常规性的看法。然而，当他参与一些非常规性的社会部分时，他往往会学会以更"解放性"的视角，看待对吸毒者的通常刻画所内含的道德标准，至少不会仅仅因为被常规所谴责就拒绝参与当下的活动。而对其他吸食者行为的观察，会诱使他把对常规标准的拒斥应用到吸大麻这一特定案例中。这样一来，这种参与往往会为消解控制、令初试大麻足以可能创造条件。

　　在吸食群体里的进一步经历中，如果新手决定涉入其中，当他在拒绝非定期吸食时，他会学到一系列合理化和正当化的答复方法。假如他自己对常规道德产生了异议，他也会在大麻吸食者群体的风俗中里找到已有的办法。

其中一个最为常见的合理化方法是,那些常规的人反而沉迷于更为有害的活动。人们可以普遍接受酗酒,那么相比较而言,吸大麻这样的小恶习也不能算是什么错误:

> [你不喜欢酒?]不,我完全不沾酒。[为什么不呢?]我不知道,我就是不喝酒。在长到其他孩子开始喝酒的年龄之前,我就已经试了[大麻],我发现了抽大麻的好处,我是说我的身体没有不适感,而且它很便宜。这是我最早学会的东西之一。你为什么会想要喝酒呢?喝酒多傻啊。吸大麻要便宜得多,而且身体不会难受,它不会让你醉,也没那么费时间。它就是自然而然的。所以我在开始喝酒前就在抽大麻了。
>
> [你说这是你最早学会的东西之一,这是什么意思?]哦,我是说,我刚开始作为音乐人演出的时候,也是我刚开始抽大麻的时候,那时我也喝酒。后来其他人告诉我喝酒太傻了,他们也从不喝酒。

还有一种合理化的方法,那就是让吸食者认为大麻的药效非但不是有害的,反而是有益的:

> 我吸了一些,那让我觉得……非常有活力,并且有很好的胃口。它让你很饿。这对一些过瘦的人来说应该不错。

最后,吸食者也并不是一直都在吸大麻。他的吸食行为是有计划的:有时他觉得可以吸,有时候可能时机并不那么合适。这种计划安排的存在,不但让吸食者确信他能控制自己的行为,而且也成

72

为吸食行为不会造成危害的一个表现。他不认为自己是大麻的奴隶，因为他能够并且也确实遵守了自己对吸食大麻的安排，不论每次允许的大麻用量是多少。而如果有时候他由于遵守某些原则而没有吸食大麻，他也会把这用来证明自己在大麻方面的自由。

> 我喜欢吸大麻，并且大多数情况都是在我感觉非常放松的时候，或是在我做一件非常享受的事情时，比如听一张很好的古典唱片，看电影，或是听广播。这些事情是我正在享受的，而不是正经做的，这就好比……夏天时，我和一帮朋友去打高尔夫，其中几个人当时抽了大麻。他们打球的时候，药效发作了，我不能忍受这个。我不知道，因为要做一件事情的时候，我觉得必须保持头脑清醒和注意力集中，否则就会……因为我觉得大麻会让人十分放松……所以我不认为可以一边做事一边那么干。

73   接受以上观点的人可能会成为非定期的大麻吸食者，因为他已经形成了一种允许自己吸食大麻的道德观，这主要是通过习得了一套观念，认为常规道德对毒品的概念并不适用于大麻，所以在任何情况下吸食大麻都不是过分的。

如果吸食行为要继续发展到定期和系统性的阶段，道德方面的问题仍然会是吸食者要面对的，因为不论对他自己还是他人而言，他都越来越像人们所说的完全失控的"瘾君子"了。如果定期吸食行为要维持下去，他就必须确信自己并没有越过底线。以下这名被访者是一名定期吸食者，他不仅提出了这个问题，也给出了一种可能的解决方案：

　　我知道它不会让人养成习惯，尽管我还是有点担忧戒掉是否真的那么容易，但我最终试了抽大麻。那段时间，我一直都在抽大麻，后来我整整一个星期没有抽它，想看看到底会怎么样。结果什么都没发生。所以我知道它没什么好担心的。从那以后，我想抽就抽。当然，我不会做它的奴隶，也不会受制于它，除非我有一天开始变得神经质了，我才会完全依赖于它，但是我觉得不会这样。

　　之前提到的大麻药效有益的合理化方法并未改变，而是得到进一步的扩展。但是被访者在上一段引言中提出的问题更加麻烦。吸食者越来越频繁和规律性地吸食大麻，让他不免担忧自己是否真的可以控制它，自己是否真的不会成为一种恶习的奴隶。于是他做了试验，停止吸食大麻并静观其变。当他发现什么异常都没有发生时，他就能够得出结论，觉得没什么可怕的了。

　　然而，这个问题对一些更加老到的吸食者来说更为麻烦，因为他们的道德准则主要源于流行的精神病学"理论"，而非那些常规的思想。大麻吸食行为给他们带来的麻烦并不是常规性的那些，而是它反映出了他们的精神健康状况。现在普遍接受的对大麻吸食原因的看法是，大量吸食大麻者必然有"一些不正常"的方面，或是有一些必须用大麻才能够克服的神经失调。于是，吸食大麻成为了心理缺陷的象征，最终也成为了道德缺陷的象征。这种偏见使人抵制进一步的定期吸食者，让他回到非定期吸食的状态，直到他能找到新的行动依据。

74

　　我在想是不是最好什么都别沾。这是他们告诉你的。尽管我听到有些精神科医生说："尽管吸大麻，但是绝对不要碰海洛因。"

[这听起来很有道理。] 是的，但是有多少人能做到？不是很多吧……我想，吸过大麻的人中间有百分之七十五甚至更多的人会形成一种行为模式，他们吸得越厉害，逃避得也越来越多。我想我就是这样的，但我清楚地知道这一点，所以我可以斗争一下。

这一案例中吸食者的观点是：认识问题就是解决问题。这种观点建立了一种自我正当化的行动依据。而在无法找到正当化方式的情况下，吸食者只能维持非定期的吸食行为，下一个案例中的吸食者用他对精神病学理论的理解解释了他的行为理由：

我认为，所有沉迷于毒品、酒精或者其他类似刺激物的人想要逃避的现实状态，要比起那些偶尔接触的人更为严峻。我没有觉得我需要逃避什么。但我觉得自己有一些需要做的自我调适……所以我不能说自己有什么需要解决的严重精神问题。但我认识一些人，他们长期酗酒，服用鸦片或是有烟瘾，我发现他们都有一些性格上的问题。

对吸毒和吸毒者的有道德色彩的特定观念，正是这样影响着大麻吸食者。如果他不能搪塞或是忽视这些观念，吸食行为就根本不会产生；而吸食程度有多深，看上去取决于这些观念对吸食者产生的影响有多弱，但这一因素实际上已经被吸食者群体中的合理化和正当化方法所替代。

总之，一个人在多大程度上能将对大麻的常规观念视为无知的局外人观念，并用他在与其他吸食者的交往经验中习得的"局内人"

的观点替换前者，他就能在多大程度上自由地吸食大麻。

注释

1. H. J. Anslinger and William F. Tompkins，*The Traffic in Narcotics*（New York：Funk and Wagnalls Co.，1953），pp.21—22.

第五章　越轨群体的文化：舞曲音乐人[1]

　　虽然越轨行为经常会受到规则的谴责——成年人被贴上罪犯的标签，未成年人则被贴上少年犯的标签——但情况也不尽然。我们在本章和下一章中所要研究的舞曲音乐人文化就是一个很好的例子。尽管这一群体的活动在形式上没有违反任何规则，但是他们的文化和生活方式都足以被常规社会成员视为特立独行、标新立异，被贴上局外人的标签。

　　许多越轨群体，包括舞曲音乐人这个群体，都会长期稳定地持续。同其他稳定的群体一样，越轨群体也形成了自己独特的生活方式。而为了理解这种生活方式，理解这类群体成员的行为是十分必要的。

　　罗伯特·雷德菲尔德（Robert Redfield）就解释了人类学对文化的观点：

---

　　[1]　舞曲音乐人（dance musicians）是指一些在舞曲环境下进行表演或是与舞曲类音乐相关的音乐人。尽管他们在本书中的工作环境与类别各有不同，但本书统一译为"舞曲音乐人"。——译者注

第五章 越轨群体的文化：舞曲音乐人

谈到"文化"，我们往往指的是人们对行动和人工制品表现出来的作为社会特征的常规性的理解。这些"理解"都是依附于行动与物品之上的意义。这些意义是常规性的，因此也会在社会成员内部的交流中成为他们心目中的典型，并成为文化。这样一来，文化可以被概括为：同一行动或物品对一个社会不同成员拥有的意义所往往会趋向的类型。意义又是通过行动及其结果来表现的，我们可以从其中推断出这些意义；因此我们也可以将"文化"等同于社会成员的常规化行为在多大程度上是相同的。[1]

休斯注意到，人类学对文化的观点似乎最适用于同质性的社会，如人类学所研究的原始社会。按照这种定义，文化是一个群体所有的共同理解的组织，那么对于构成现代复杂社会的诸多小型群体而言，这样的定义也同样适用。不同的族群、宗教群体、地域群体和职业群体的成员都会在某方面具有共识，也因此具有一种文化。

当一群人的生活有较多的共性而同时与其他人相对疏离，当他们共处社会的一隅，要面对共同的问题，甚至有着共同的敌人时，文化就产生了。即便是那些吸海洛因上瘾的不幸者的怪诞文化，也可能共享着一种禁忌的快乐、一幕悲剧，和一场与常规社会的斗争。两个未成年孩子的文化——他们在强大而专断的父母面前，创造了一套属于自己的语言和行为习惯——也能一直延续到长大成人；一帮野心勃勃想要成为医生的学生的文化，发现每个人都一样要面对尸体、考试，还有难缠的病人、导师和院长。[2]

79　　　许多人都认为文化本质上产生于一群人共同面对某一问题时的反应，这样一来，他们能够在彼此间产生较多的互动和交流。[3] 那些被认为有越轨活动的人所面临的典型问题，就是社会的其他成员不会与他们达成共识。同性恋者认为自己的性生活很正常，而其他人可能并不那么想。小偷觉得自己的偷窃行为没什么不对，但是其他人不会这么认为。当参与越轨活动的人有机会互动时，他们能够就自己与社会其他成员对某些问题的分歧来形成一种他们自己的文化。这种文化包括对自身、对越轨活动和对与社会其他成员间关系的视角（当然也有一些越轨行动，是完全由孤立的个人完成的，他也就没有机会形成一种文化。这一类别包括强迫性的纵火狂和盗窃癖[4]）。因为这些文化的运行既处于更大社会环境的文化之下，又与其有所区分，所以它们通常被称为亚文化。

　　本章所关注的是舞曲音乐人群体的文化或亚文化，这些人可以被简单定义为是靠演奏流行音乐来赚钱的人。他是服务业的一员，他所参与的文化会有其他服务业所共有的特点。服务业的普遍性特
80 点是，工作者会与其工作产物的最终消费者，也就是他服务的顾客有着多少有些直接或个人的接触。因此，顾客也就能够或试图在工作上主导音乐人，并施加各种各样的制裁，从非正式的压力，到收回自己的资助并在众多音乐人中找到新的投资对象。

　　服务业把两类不同类型的人聚集在一起，其中一类人是全心投入的，完全把它当作全职工作来做，而另一类人与这份工作的关系则更为随便。因此不可避免的是，这两类人对待服务性工作有着大不相同的态度。服务业从业人员往往认为顾客总是不能正确判断服务的价值，也十分厌恶那些对他们的工作施加控制的企图。冲突和敌意就这样逐渐产生，而抵抗外界干预的办法也就成为行业成员必

须学会的内容。一种亚文化正是围绕以上这些问题而渐渐形成的。

对这些音乐人来说，唯一有演奏价值的音乐类型就是他们所说的"爵士乐"，这个词可以片面地定义为不用考虑任何局外人要求的音乐形态。然而，音乐人们还必须忍受雇主和听众对演奏的不断干扰。普通音乐人职业生涯中最为困扰的一个问题，就是在常规性的事业成功与个人的艺术标准之间作出抉择，这在后文也会具体谈到。他们会发现，要获得成功，必不可少的是"商业化"，也就是完全按那些不搞音乐的雇主的意愿来演奏；而一旦他这么做了，他不仅会牺牲掉同行的尊敬，也往往会丧失自尊。但如果他坚持自己的标准，却又很难在大的社会环境中获得成功。所以，音乐人们会根据向局外人的妥协程度来划分自己的种类——从极度"爵士"的乐手，到"商业化"的音乐人。

接下来，我会关注以下三点：（1）音乐人对自身和对不从事 81
音乐的外行雇主的看法，以及对两者关系中的内在冲突的看法；
（2）爵士乐手和商业化音乐人在回应这种冲突时具有的基本共识；
（3）音乐人在大社会环境里的孤立感以及他们将自身与听众、社会隔离开的方式。这里将要探讨的音乐人与其雇主对音乐人定义上的差异，会引起一系列问题，而这些问题可以作为越轨者与对他们的越轨行为持不同观点的局外人之间的种种问题的原型。[5]

关于本研究

这项研究的主要方法是参与式观察（participant observation），我通过参与音乐人的不同工作和休闲情境来收集研究资料。在我从事这项研究的时候，我已经有多年的专业钢琴演奏经验，并活跃于芝加哥的音乐圈。那时是 1948—1949 年期间，正值《美国军人权利法案》(G. I. Bill of Rights) 生效，有许多音乐人都享受着这一法案带来的种种便利，因此作为在读大学生的我并没有与行业中的其他人有什么明显的区别。在这段时期，我与许多不同类型的乐团合作，并在与其他音乐人相处的过程中记录了大量相关事件笔记。我所观察的大多数音乐人对我所从事的音乐人研究并不知情。我很少进行正式的访谈，而是把更多的注意力放在对音乐人间日常对话的倾听和记录中。大多数观察是在工作时进行的，有的甚至是在我们一同演出的过程中获得的。除此之外，在当地工会办公室里，我也收集到了有用的对话资料，因为每个星期一和星期六的下午，都会有音乐人到这里来找工作，而乐队的领队也会在这里雇用合适的乐手。

舞曲音乐人的世界分化很严重。有一些人主要在偏远社区或市中心的酒吧和酒馆驻唱；有的则是参与规模稍大的乐队，在舞厅或夜总会里演出；另一些人不在固定的地方演出，而是与乐团一起在宾馆或乡村俱乐部里为私人舞会和派对演奏；还有一些人和国内知名的乐队一起演出，或者是在电台和电视台的工作室里工作。在不同工作环境下的人，会面对不同环境所特有的问题，并形成相应的态度。我多数时间是在酒吧和酒馆里演出，偶尔会和不同类型的"打零工"的乐队合作。但是我也时常会参加其他的舞曲工作，并访问当地的工会，这样能够让我与其他群体成员有足够多的接触，从而了解他们的态度和活动，收集到相关的证据。

为了完成这项研究，我还曾在另外两个地方做过音乐人：一座较小的大学城（伊利诺伊大学厄巴纳-香槟分校），和一座大不过芝加哥的大城市（密苏里州的堪萨斯）。城市的大小不同也会使音乐行业在组织方面有所差异。在芝加哥，一个音乐人更有可能专注于某一类型的工作，他可以专门在舞厅里演出，也可以专门在酒馆和夜总会驻唱（我就是如此）。而在相对小型的城镇，每一种工作类型都不会有太大需求，而且当地人口较少，音乐人的数量也成比例地较少。因此，一个音乐人可能会被叫到我说过的不同工作环境中表演、穿梭，这一方面由于对他来说选择很少，另一方面对于乐队领队来说，可供挑选的音乐人也相对较少。虽然我在这两个地方没有进行正式记录，但是在这两地的工作经历并没有让我基于芝加哥资料所得出的结论有修改的必要。

音乐人和"老古板"

音乐人们会用一个总结了关于音乐人和听众是什么的信念系统的词，来指称那些局外人——那就是"老古板"（square）。这个词既可以作为名词，也可以作为形容词，它被用来指某一类人，以及行为和事物的某种性质。"老古板"指的是在音乐人是什么、应该是什么，及其思维方式、感受方式和行为方式（包括在物质器具中的表达）等方面与音乐人的价值相悖的那类人。

音乐人被认为是拥有神秘艺术天赋的艺术家，而他的音乐天赋不仅将他与其他人区分开来，也让他能免受不具此项天赋的局外人的控制。这一天赋是无法通过教育来习得的，因此局外人永远无法成为音乐人群体里的一分子。一名长号手说过："你不可能教会一个人怎样获得节奏感。他要么天生就有，要么根本没有。如果他生来就没有，那你也不可能教会他。"

音乐人决不允许任何局外人干涉他们演奏的内容和方式。事实上，音乐人之间最重要的一条行规就是绝对不要"在工作中"对其他同行妄加评论或以其他方式施加压力。连同行都不可以在工作时干预，就更不用说局外人了。

这种态度可以被概括为一种感受：音乐人们既感到自己不同于，甚至优于他人，并由此不愿在生活的任何方面受到局外人的控制，特别是在艺术活动方面。这种自命不凡的感觉以及特立独行的生活方式根深蒂固，正如下面这段话所讲的：

84

> 我告诉你吧，音乐人和其他人不一样。他们的说话方式，行为方式和穿着打扮都会和别的人不一样。他们不像其他人，就是这样的……你很难从音乐行业里脱身，因为在里面你会感觉自己太与众不同了。
>
> 音乐人的生活很另类，有时候就像是丛林生活。他们原本都是些小城市来的普通孩子，但是一旦开始过音乐人的生活，一切就都变样了。这种生活就像丛林一样，只是他们的丛林是一辆闷热拥挤的车。按那种方式生活得足够长时间，会让你大变样。
>
> 但我还是要说，做音乐人的感觉很棒。我永远都不会后悔。我能理解一些老古板永远不理解的东西。

从这个观点所延伸出的一种极端看法是，只有足够感性、足够离经叛道的音乐人，才能够给女人真正的性满足。

音乐人们认为自己与其他人不同，因此也就不需要遵循老古板们的常规行为模式。既然任何人都不能对音乐人的演奏方式指手画脚，那么在其他方面也是一样——任何人在任何方面都不能教导音乐人们该怎么做。于是，那些对抗常规性社会规范的行为也会受到崇拜。有许多故事体现出对高度自主、自发、无所顾忌的活动的褒扬，也有许多大名鼎鼎的爵士乐手因其"个性"而广受尊敬，而他们的壮举也广为人知。例如，曾有一名知名的爵士乐手干过这样一件惊世骇俗的事情：他在他工作的夜总会门口跳上了警察的马，并当即骑跑了它。音乐人通常都爱和别人说起自己做过的一些离经叛道的事：

> 我们演完最后一支舞曲后结束了工作，然后收拾东西，准备乘那辆破巴士回底特律。但是司机在出城不久后就不愿意走了。车明明还有好多油，可是他就是不开车。大家都跳下车围在四周。突然不知是谁说："烧了它！"有人就从油箱里弄出了一些汽油，洒在周围，擦了一根火柴扔上去，立刻黑烟滚滚，火就烧起来了。感觉太爽了！那车就这么烧着，所有人都围着车欢呼和鼓掌。那简直是太酷了。

这并不是某一个音乐人的个性，而是一种行业的基本价值观，正如一名年轻音乐人所说："你要知道，音乐业里最了不起的英雄就是那些最有个性的人。一个人做事越疯，他就越伟大，人们也就越喜欢他。"

就像他们不愿被社会常规约束一样，他们也同样不会试图将这些规则强加于其他人。比如说，有一个音乐人就反对民族歧视，因为他认为每个人都有权选择怎么做，并选择自己想要信仰什么：

> 见鬼，我从来就不赞同什么歧视。人就是人，不管是意大利人、犹太人、爱尔兰人、波兰人，还是其他人。只有那些愚蠢的老古板才会在意别人信仰什么宗教，对我来说那毫无意义。每个人都有权去选择他的信仰，我就是这么认为的。当然，我自己从不去教堂，但我不会反对任何人去教堂。只要你喜欢，

那就这么做好了。

同样是这个音乐人，他虽然觉得一个朋友的性行为不可取，但仍然捍卫个体对于何为正确的、何为错误的决定权利："艾迪总是到处乱搞，总有一天他要在这上面坏事。而且他还有个好太太，他不该对她那样。但管他呢，这都是他自己的事情。如果他真的想要那种生活，那就让他过吧。"音乐人会容忍同行的任何惊人之举，不会给予惩罚或约束。在下面这个案例中，一个鼓手的失控举动让整个乐团都丢了工作，可是尽管其他团员很恼火，却仍然借钱给他，没有给他什么惩罚。任何人都不会因此斥责他，因为这不符合他们的行为习惯：

86

> 杰瑞：我们刚到那里就发现杰克的鼓都不在那。于是那个老板去开车，到处想要找到鼓给他用，结果撞碎了他的一块车挡板。当时我就知道，好戏开始了。那个老板是个意大利老头，这不是说他坏话，他开着一家赌场。他对杰克说："没有鼓，你打算怎么办？"杰克说："放松点，老爹，绝对没问题。"我想那个老东西就要发火了。竟敢跟老板这么说话！只见他转过身来，眼里满是怒火。我知道我们今天要被炒了。他问我："那个鼓手是不是疯了？"我回答他："我不知道，我今天才见到这人。"而我们才刚刚跟他说过我们一起混了半年。这也起了作用。当然，杰克开始敲他的鼓时，一切都完蛋了。震耳欲聋！他用那个低音鼓完全就是制造噪音，没有半点节奏。那叫什么打击乐？那要是个不错的鼓……我们也能演得很成功，或许也能一直在那里干下去……我们奏了几曲之后，老板告诉我们可以滚蛋了。

第五章　越轨群体的文化：舞曲音乐人

贝克尔：你们被炒了之后呢？

　　杰瑞：老板给了我们每人二十块，然后打发我们走。扣掉
　　往返的十七块交通费，我们每人挣了三块。当然，我们一路上
　　看到了很多树。妈的，三块！甚至连三块都没有，因为我们还
　　借了杰克七八块。

　　音乐人会认为自己和其他同行们都是具有特殊天赋的人，且与
普通人不同，因此不论是在音乐演出还是平常的社会行为方面都拒
绝受制于这些人。

　　而那些老古板就缺乏音乐天赋，还没什么能力去理解音乐和音
乐人的生活方式。老古板在音乐人们看来既无知又狭隘，总是大惊
小怪，迫使音乐人演奏一点都不艺术的音乐。但是音乐人所面对的
难题是老古板处于一个独行其是的位置，如果他不喜欢他们演奏的
这种音乐，那么他就不会出钱再听第二次。

　　由于老古板们不懂音乐，他们评判音乐的标准都是音乐人眼中
的外行看法，所以音乐人们常为此感到不屑。一个商业化的萨克斯
手不无讽刺地说道：

　　我们演什么音乐、怎么演都无所谓。任何一个混了一个月
　　的人都知道怎么对付，这太简单了。杰克在钢琴上弹了段和声，
　　然后是萨克斯还是什么的，最后大家一起加入，太容易了。但
　　那些听的人才不在乎呢。只要他们听见鼓点就满足了。他们听
　　到鼓，就知道是时候把右脚挪到左脚前面，又把左脚挪到右脚
　　前面。然后如果他们能跟着旋律吹两声口哨就感觉很开心了。
　　他们还能要什么呢？

下面这段对话表明了同样的看法：

> 乔：你从台上下来，在过道里的时候会有人对你说："年轻人，我非常喜欢你们的乐团。"就因为你刚才奏了些温柔的曲子，次重音萨克斯手又随便吹了几下，那些老古板就会很享受了。

> 迪克：这就像我在 M 俱乐部工作的时候，我和一帮高中同学在那里搞乐队……那是我干过的最糟糕的乐队之一了，可是那些人却也觉得不错。

> 乔：所以，他们都是一群古板的傻子。

88   "老土"（squareness）充斥了老古板行为的方方面面，正如音乐人的所作所为都带着"时髦"（hipness）的味道一样。似乎老古板做的都是错的，总是很荒谬可笑。音乐人光是坐在那里看着那些老古板，就能找到许多可笑之处，每个人都可以讲几个嘲讽他们的故事。甚至有一个音乐人说，在他演出的酒馆里，台上演出的音乐人应该和坐在吧台旁边的观众换个位置，因为那些观众要比他自己更好玩、更能娱乐他人。那些有别于音乐人的穿着、言谈和行为都成为了老古板们无知可笑的新证据。而在音乐人们的内部文化面前，这些证据更使他们深信音乐人和老古板是两个来自不同世界的人。

但是老古板也会让音乐人们感到害怕，因为他们被认为是商业化压力的终极来源。他们对音乐的无知，迫使音乐人们为了成功而演奏一些自己认为毫无艺术价值的音乐。

贝克尔：你怎么看待那些听众？

戴夫：他们很麻烦。

贝克尔：为什么这么说？

戴夫：如果你在一个商业化的乐队干，他们又喜欢这样的
乐队，那你就必须演奏很多无聊的音乐。如果你是在一个很不
错的乐队干，而这些人却又不喜欢，那就很麻烦。但是如果你
是在一个不错的乐队干，同时这些人又很喜欢，那同样也不是
件好事。总之你讨厌那些人，因为他们根本什么都不懂，他们
太烦人了。

　　上面这段话表明，即使人们千方百计想要避免被音乐人们认为
是老古板，但是事实上很难逃脱这种负面的评价，因为他们始终都
缺乏那种音乐人才有的对音乐的理解——"他们根本什么都不懂"。　89
于是，即使是爵士乐迷，也与其他的老古板并无两样。他对爵士乐
的喜爱并不是出于他对这种音乐形态的理解，而他的行为也无异于
其他那些不懂欣赏音乐的老古板。他同样会点歌，会试图影响音乐
人的演奏，就像其他的老古板一样。
　　因此，音乐人认为自己是应当不受局外人控制的有创造力的艺
术家，自己不同于且高于那些被他称为老古板的局外人，老古板们
既不懂他的音乐，也无法理解他的生活方式。但是，正是因为这
群老古板，音乐人们不得不选择与自己的专业理念相违背的演奏
方式。

对冲突的反应

尽管表述方式不同，但爵士乐手与商业化音乐人在对听众的态度上能达成基本共识。这种共识的基础由两个相互冲突的主题构成：（1）对自我自由表达的欲求与音乐人群体的理念相符；（2）承认外部的压力有可能迫使音乐人不得不放弃以上这种欲求。相较而言，爵士乐手更重视第一个主题，而商业化音乐人则认为后者更为重要，但是二者都认识并体会到了这两方面因素的影响力。他们在一方面的态度是一致的，那就是对于那些老古板听众的极度蔑视和厌恶，这些听众要为音乐人只有"商业化"才可能成功承担责任。

商业化音乐人尽管在心里看不起他们的老古板听众，但是仍然选择牺牲自尊以及同行的尊重（艺术行为方面的回报），以此换取一些更重要的回报——稳定的工作，丰厚的收入，和一个商业化音乐人应有的声望。一个商业化乐手就说：

> 这有一班不错的人。当然，他们也都是些老古板。我并不是要否认这一点。他们当然是一群无聊的老古板，但是谁买单？当然是他们来买单。所以你要让他们听得高兴。我是说，你如果不让这些老古板开心开心，可能连饭都吃不饱。你觉得又有多少人不是老古板呢？一百个人里面有十五个不是就算好运了。那些专业人士，比如医生、律师，他们可能不算老古板，但是普通人基本上都是。我们这样的艺人当然不是，但除了艺人和专业人士以外，其他人都是老古板。[6]他们根本什么都不懂。

我跟你说，这个道理我三年前就懂了。要想挣钱，就必须迎合那些老古板的喜好。是他们来买单，所以你要让他们听他们喜欢的音乐。一个真正的好音乐人根本找不到工作。你不得不去演奏些糟糕透顶的音乐。很无奈，但是你必须面对这样的现实。我想要过好一点，想要挣点钱，还想买辆车。要对抗现实，你能顶多久呢？

别误解我的意思。我是说，如果你能靠玩爵士乐挣钱，那当然很好，但是多少人能做到呢？……能玩爵士当然不错，但是如果你的工作就是那么无聊，反抗是没用的，你只能商业化。那些你看不上的听众付给你钱，你必须习惯这样的现实，他们是你的音乐必须取悦的人。

值得注意的是，这个音乐人承认只有独立于老古板才"值得尊敬"，表达了对听众的蔑视，认为音乐人所面临的困境完全是由听众的老土造成的。

这些人认为问题主要在于经济："我是说，如果你要为那帮老古板演奏，你就必须那么做。你还能怎么样？你不能把你的东西塞进他们的喉咙。当然，你可以让他们吃，但是最终他们才是金主。"

对爵士乐手来说，他们认为不应完全受制于听众，但又感觉到 91 取悦听众是多么必要。爵士乐手就和其他人一样，渴望拥有稳定优越的工作，而且他们深知这一切必须要通过满足听众来获得。以下这段两名年轻爵士乐手的对话说明了他们的境遇：

查理：没有能让你演奏爵士乐的岗位。你只能演伦巴、流行歌曲之类的东西。你找不到演奏爵士乐的地方。我不想毁了自己一辈子。

艾迪：你难道就不想开心一些吗？你知道，走商业化的路子，你是绝对不会开心的。

查理：恐怕无论怎样都不会开心。因为商业化很让人不爽，但是什么都不做，只是搞爵士乐更让人不爽。

艾迪：天呐，为什么你演奏爵士乐就不会成功呢？——我是说，你可以有个很好的乐队，继续演奏音乐，我是说很好的音乐。

查理：你根本找不到这样的一个乐队。

艾迪：你可以让一个性感的小妞站在前面唱唱歌，然后对着那些蠢货听众扭扭屁股。这样你就不怕找不到工作。她不唱的时候，你就可以演奏些真正的好音乐。

查理：那个 Q 乐队不就是这样吗？你喜欢吗？你真的喜欢她唱歌的样子吗？

艾迪：哥们，当然不，但是我们至少能演奏些爵士乐了。

查理：你喜欢你那时候玩的爵士吗？那已经商业化了，不是吗？

艾迪：是商业化了，但还是可以演得很好的。

查理：如果它真的不错，你就不会继续工作了。我猜我们 以后都很难快乐起来。事情就是这样。你会一直麻醉自己。音乐人永远都不可能找到真正的好工作。

音乐人除了有为最大化个人薪酬而不得不去取悦听众的压力，也还有更多的直接压力。他们往往很难在工作中保持独立。下面这个案例就很好地说明了这一点：

> 我昨晚和约翰尼·蓬齐一起在西南区为一场意大利人婚礼演出。我们前半个小时都在演奏约翰尼他们事先挑选的特别曲目，都不带有什么商业气息。过了不一会儿，一个意大利老头（之后我们才知道他是新郎的岳父）开始对我们吆喝："你们这些差劲的家伙，太吵了，来些波尔卡和意大利音乐吧！"约翰尼以往因为想避免演奏那些民歌民谣，所以不怎么乐意去类似的婚礼演出。我就说："不如我们现在就奏些民歌，这样就不用再烦这茬了。"汤姆说："恐怕一旦开始，我们就得整晚都这样了。"约翰尼说："喂，霍华德，不用担心，新郎真的是个很不错的人。他跟我说不用理会其他人怎么说，只管奏我们喜欢的就行，所以不用担心……"
>
> 那个老家伙一直在不停嚷嚷，很快，新郎过来对我们说："伙计们，听着，我知道你们根本不想演那些破曲了，我也不想这样，但那是我的岳父。我实在不想让我妻子因为他而感觉很难堪，所以拜托你们演奏些意大利民歌让他安静下来吧。"约翰尼望了望我们，做了个无奈妥协的手势。
>
> 他对我们说："好吧，我们来段《啤酒桶波尔卡》。"汤姆

说："见鬼，好吧，我们来吧。"之后我们又奏了一个意大利的塔兰泰拉舞曲。

有时候，雇主甚至会施加压力，让从不让步的爵士乐手妥协，至少是在工作期间：

> 有一晚，我在第几大街上的Y俱乐部独奏。太麻烦了！第二支曲子是《阳光明媚的地方》，我帮小合唱团弹了会儿伴奏，然后自己弹了点爵士。突然之间，老板从酒吧的另外一头冲我大喊："这屋子里要是有人知道你在弹些什么，我就是你儿子！"屋子里的所有人都听得清清楚楚。他就是一个蠢货！但是我能怎么办呢？我什么都没说，只是继续弹我的曲子。感觉太糟糕了。

与以上情形略有不同的是，有的音乐人在乎听众的反应，希望感觉到听众能从他的音乐中获得享受，这也造成了他对听众需求的妥协。一个音乐人提到：

> 我会喜欢那种可以为谁演奏的感觉。如果没有任何听众，我就会感觉到好像我的演奏漫无目的。我是说，音乐说到底就是这样的——是需要有人来聆听和欣赏的。这也是我并不那么介意总是演奏些没什么品位的曲子的原因。只要有人喜欢，我就感觉满足了。我想我本来就不是个太好的乐手，可是我就是喜欢让我的听众高兴。

这一种观点相对极端，但是大多数音乐人都会觉得应该避免被听众厌恶："这就是我喜欢在汤米俱乐部工作的原因。至少当你离开那个舞台的时候，大家都不会讨厌你。如果在场的人都很讨厌整个乐队的话，在这种条件下工作就太糟糕了。

孤立和自我隔离

音乐人对听众抱有敌意，担心自己不得不为了老古板们而牺牲自己的音乐标准。他们展示出了某种行为和信念模式，它可以被视为对这一情境的适应。他们在实际工作情境和更大社会里的社会交往中，都表现出了这种孤立（isolation）和自我隔离（self-segregation）的模式，其行为的首要功能在于避免受到听众意见的干扰，再则是避免受到常规社会的干扰。其首要结果是音乐人通过一步步走上越轨的循环，进一步沦为局外人。在老古板身上发生的麻烦，也增强了他们的孤立感，而这又反过来提高了更多困难出现的可能性。

音乐人在空间上就是与听众隔离开的，这本身是一条规则。音乐人是在舞台上演出，而舞台本身就起到了物理壁垒的作用，使得音乐人和听众不能直接互动。这种隔离对音乐人来说是无比快慰的，因为那些全是老古板的听众让他们感到了潜在的危险。他们担心直接的交流只会让听众干预音乐表演。因此，唯有将自己与那些听众隔离开来才是更为安全的。在演出场所缺乏这种物理上的隔离时，一个音乐人这么讲述：

> 关于婚礼还有一点。你就站在地上，站在人群中间，你绕不开他们。这和你在舞厅或酒吧里演奏就不一样了。在舞厅里，

你是在舞台上，他们碰不到你。在鸡尾酒吧里也是这样的，你是在吧台后面。但婚礼就——哥们，你就在他们中间。

但音乐人往往并没有这种物理壁垒。于是，他们常常即兴演奏自己的曲子，并把自己和听众隔离开来。

95　　　　一次星期天晚上，我去一场犹太人婚礼演出……我到的时候，乐队的其他成员都早就在那里了。因为婚礼拖到很晚才进行，所以来参加婚礼的人都饿了，开始吃东西了。我和新郎商量了一下，决定在晚宴的时候演奏。我们在大厅的一角准备好演出的场地。杰瑞把钢琴拖了过来，将我们这个角落和大厅里的其他人隔离开来。托尼在这块地方架起他的鼓，而杰瑞和约翰尼在我们演奏时都立在一旁。我想把钢琴挪开一点，好让他们站在钢琴的前面，这样就会靠近听众，可是杰瑞半开玩笑地说："哥们儿，不要挪开它，我需要用它来保护我不受到那些老古板的侵犯。"于是我们就保持了这样的布局……

杰瑞在钢琴前来回走动了几次，但是最终很好笑的是，他拿来两把椅子放在自己跟前，把自己和听众隔了开来。有一对夫妇把椅子拿去坐了，杰瑞于是又拖来另外两把放在相同的位置上。约翰尼说："嘿，不如我们也坐下吧？"杰瑞说："不要，就让那椅子在那里空着，那是我的壁垒，这样就能和那些老古板隔开。"

许多音乐人甚至会反射性地避免与听众直接交流。当走过老古板们的身边时，他们会习惯性地不发生目光接触，因为他们担心一个眼神就会让听众萌生出点歌的想法或其他干预音乐表演的举动。

另一些音乐人更有过之而无不及，将这样的行为延伸到日常社会活动中，而不仅仅局限在工作情境中。这在一定程度上是不可避免的，因为夜间工作、长途奔波等工作性质让他们很难在专业群体成员以外产生社会参与。试想，一个与大多数人作息时间相反的人怎么可能维系正常的社交。一个已经退行的音乐人在讲述离开原因时就提到了这一点："工作时间规律的感觉很好，因为你不用每晚都去工作，你可以去见想见的人。"也有一些更年轻的音乐人抱怨，夜间工作让他们很难找到"好"女孩，因为它阻止了常规性的约会。

但是，对无知听众的敌意也造成了更多的自我隔离。最为极端的例子就是"X大街男孩"，他们是一群拒斥整个美国文化的极端的爵士乐手。他们对外部世界的情绪性质，可以从其中一个歌手私下对他的主题歌取的名字看出："不喜欢我的奇怪方式就他妈的来亲我的屁股"。而这一群体的民族构成也进一步说明，他们对艺术和社会的极端态度都是他们对常规美国社会的全盘拒斥的一部分。除了个别例外，这一群体的成员都来自完全与美国同化的族群：爱尔兰人、斯堪的纳维亚人、德国人和英国人，并且他们中的许多人都出身于较高社会阶层的富裕家庭。简言之，他们在音乐方面对商业化以及社会生活领域平庸之辈的拒斥，是社会位置优越者对整个美国文化的拒斥的一部分，但这也使他们无法作出让自己满意的个人妥协。

这个群体的每项趣味，都强调他们孤立于常规社会的标准和趣味。他们除了与其他在芝加哥北克拉克大街的夜总会里表演的音乐人或者女孩子交往之外，几乎与外界社会没有什么交流。他们在政治方面这样被人形容："不管怎样，他们都讨厌这样的政府，并恨之入骨。"他们从不间断对商业和劳工的批判，时刻保持对经济结构的清醒认识，而对政治进程和当代政党持有愤恨的态度。宗教与婚姻是被他们完全拒斥的，美国的流行文化和严肃文化都不在他们眼中，

96

他们的阅读仅限于那些圈内的先锋作家和哲学家的作品。对于艺术和交响乐，他们只关注那些外行最难理解的发展。不管在什么方面，他们都会声称自己的趣味与常规社会的人们不同。所以我们有理由假设，他们这些趣味的首要功能就是让这种区分清晰无误。

虽然我们在"X大街男孩"中已经看到了孤立和自我隔离的极端例子，但是另一些不那么离经叛道的音乐人也有类似的情况。那种被社会其他成员疏远和孤立的感受往往十分强烈，下面这段发生在两个爵士乐手之间的对话就基本表明了对被孤立感的不同反应：

艾迪：喂，你知道吗，我就是讨厌那些人。我不能忍受和老古板们待在一起。他们让我感觉糟透了，我忍受不了。

查理：你不该这样！别让他们影响到你，反而你该嘲笑他们。我就是这么做的。嘲笑他们的一切举动。这是唯一让你忍受他们存在的办法。

一名年轻的犹太音乐人有着极为确定的犹太社会认同，但他在职业上有很强的孤立感。他说：

我觉得懂得越多，就越危险。我刚开始干这行的时候就发现了这一点。我觉得我懂得太多了。而在我眼中，我觉得，周围的朋友都太愚蠢、太庸俗了。

这很有趣。当你坐在舞台上时，你会觉得与别人有很大的不同。就像我完全知道外人对犹太人的态度是怎样的。你看到一些像是犹太人的人走过来，他们带着一点口音或是什么的，过来要求你演奏一曲伦巴，或者类似的破东西，我就会立即在心里说"见鬼的愚蠢犹太人"，就好像我自是个**亵犹分子**一样。这就是我说音乐人懂得太多的意思。你会见太多事情，你对生活的眼界都不是普通人能达到的。

而在另外一个环境下，同一个犹太音乐人说：

98

> 我发现，我不工作后能够和他们中的一些人交谈了。
> ［你是说之前与他们交谈有困难吗？］
> 是的，过去我只是站在旁边，不知道和他们说什么。现在我还会有点这种感觉，因为他们说的所有话都听上去很无聊和愚蠢。

自我隔离的过程在特定象征表达中非常明显，特别是在一些职业俚语的使用上：能正确使用这些俚语的人被认定为不是老古板，用得不对或根本不用的人被认定为局外人。有一些词语也可以指称音乐人遭遇的独特的职业问题以及他们的态度，其中最典型的就是"老古板"这个词。这些词语让音乐人们能够讨论日常语言提供不了合适术语的那些问题和活动能。也有许多词语并没有任何新的意思，只是对于一些常用表达的替代。比如说 loot、gold、geetz[1]、bread 等等都是钱的同义词；"演奏会"（gigs）就意味着工作。大麻就有多到数不清的同义词，如 gage、pot、charge、tea，还有 shit。

一个已经退行的年轻音乐人指出了这种行为的功能：

---

[1] geetz 可能是贝克尔对单词 geets 的写法，它与 geetus、geetas、geeters、ghedis、ghetus 等都是美式英语中对钱的俚语称谓。这一系列词语的词源未知，一种说法是来自 get us。——译者注

我很高兴自己退出这行了。我很烦和这些搞音乐的混在一起，有太多仪式之类的破烂。他们必须说行话，穿着另类，甚至眼镜也要跟别人戴不同样。这只是要告诉别人"我们不一样"！

注释

1. Robert Redfield, *The Folk Culture of Yucatan* (Chicago：University of Chicago Press, 1941), p.132.

2. Everett Cherrington Hughes, *Students' Culture and Perspectives：Lectures on Medical and General Education* (Lawrence, KS：University of Kansas Law School, 1961), pp.28—29.

3. 见 Albert K. Cohen, *Delinquent Boys：The Culture of the Gang* (New York：The Free Press osf Glencoe, 1955)；Richard A. Cloward and Lloyd E. Ohlin, *Delinquency and Opportunity：A Theory of Delinquent Gangs* (New York：The Free Press of Glencoe, 1960)；Howard S. Becker, Blanche Geer, Everett C. Hughes, and Anselm L. Strauss, *Boys in White：Student Culture in Medical School* (Chicago：University of Chicago Press, 1961)。

4. Donald R. Cressey, "Role Theory, Differential Association, and Compulsive Crimes," in Arnold M. Rose, editor, *Human Behavior and Social Processes：An Interactionist Approach* (Boston：Houghton Mifflin Co., 1962), pp.444—467.

5. 其他有关爵士乐手的研究参见：Carol L. Lastrucci, "The Professional Dance Musician," *Journal of Musicology*, III (Winter, 1941), pp.168—172；William Bruce Cameron, "Sociological Notes on the Jam Session," *Social Forces*, XXXIII (December, 1954), pp.177—182；Alan P. Merriam and Raymond W. Mack, "The Jazz Community," *Social Forces*, XXXVIII (March, 1960), pp.211—222。

6. 大多数音乐人都不承认这些例外情况的存在。

第六章　在越轨职业群体里的
职业生涯：舞曲音乐人

在前面讨论大麻吸食行为的形成过程时，我们已经谈到过**越轨生涯**（即某种特定越轨行为模式的发展过程）。本章要探讨的主要是舞曲音乐人这个群体发展出来的各种不同的生涯。这是一个不论是群体成员还是其他人都被视为与众不同的"局外人"群体。但本章所关注的重点并不在于越轨行为模式的成因，而是关注被认为属于越轨群体的事实会对人们的职业生涯产生怎样的影响。

在使用职业生涯这一概念来研究职业群体成员的个体命运时，休斯将职业生涯定义为："从客观上说……是一系列地位和职责明确的工作职位……是位置、成就、职责，甚至还有冒险的典型序列……从主观上说，职业生涯是指一个人看待自己的全部生活，并解释自己的各种属性、行动以及经历所包含的意义时所用的变动的视角。"[1] 奥斯瓦尔德·霍尔（Osward Hall）在关于行医生涯各阶段的讨论中，将职业生涯更多地视为对职业实践所处的"机构、正式组织及非正式关系的网络"的一系列适应过程。[2]

一个职业所特有的职业路线，是由该职业所特有的问题所形塑的。而反过来，这些问题又是该职业相对于社会上其他群体地位的一个功能。正如我们在第五章所讨论的，舞曲音乐人面临的主要问题是如何在对艺术行为的控制中保持自由。这些控制主要源于一群局外人，也就是那些音乐人的听众，这些人常常以完全异于内行的标准来评判和回应音乐人的表演。而音乐人与局外人之间的对抗性关系形塑着音乐人的文化，也造成了音乐人职业生涯中的偶然事件和危机。

对一些更为常规的职业（例如医疗）的研究表明，事业有成（根据行业内人员的定义方式）取决于个人能在影响群体和控制职业薪酬的群体中找到一个位置，而其他同行的行动和姿态也会很大程度上决定个人职业生涯的成果。[3] 舞曲音乐人的情况也同样符合以上观点，而我将首先讨论他们对事业有成的定义，随后分析他们音乐事业的顺利发展在多大程度上取决于他们在融入音乐行业的组织方面的成功。

当然，音乐人的职业生涯故事远不止这些。免受外部控制的自由问题，也在生涯中创造了某种附加的偶然性，并对职业结构增加了某种复杂性。我会在后文中探讨这一点。

最后，音乐人的家庭（既包括他出生的家庭，也包括他通过婚姻所建立的家庭）也对他的职业生涯有着巨大的影响。[4] 通常情况下，父母亲和妻子都不是音乐圈内人士，因此作为局外人，他们往往不能理解音乐人对工作的热忱与投入。这些来自家庭的误解和反对常常改变一个人的职业生涯方向，甚至在某些案例中会终止职业生涯。

小圈子与成功

音乐人通常将事业成功视为在可获得工作机会的等级体系中的流动。与工人或白领不同的是，音乐人并不愿意在同一雇主手下工作，而是希望有机会尽可能多地更换工作。薪酬、工作时间以及行业共同体对成就的认可程度，构成了一个非正式的职业认可等级系统，也构成了音乐人衡量自己工作类型里的事业成功的尺度。

这个等级系统的最底层，是那些不定期去小型舞会、婚礼和一些类似场合演出的音乐人，他们同时也获得工会薪酬。再往上去一个等级，是固定在一些低级娱乐场所工作的音乐人，这些场所主要包括下层的小酒馆、夜总会或是小型脱衣舞俱乐部，这一等级的音乐人不仅收入较低，并且行业受认可程度也相对较低。再往上一个等级的音乐人的工作较稳定，他们主要在邻近的舞厅、城市较好地段的"知名"小型夜总会和鸡尾酒吧，与当地的乐队合作演出。这一等级的音乐人的收入要比在低级娱乐场所演出的音乐人丰厚一些，并且可以期待自己受到业内同行的认可。而与这一等级境遇差不多的还有另一部分音乐人，他们在"B级"（class B name）乐团工作，也就是国内的二线知名舞曲乐团。而在他们之上的就是为国内"A级"（class A name）一流乐队工作的人，他们通常在最好的夜总会和酒店演出，也会出现在城内各种大型活动中。他们薪水丰厚，工作时间良好，而且业内业外都会认同他们是事业有成的音乐人。在这一等级中处于顶层的是在电台、电视台或者正剧剧院里工作的那部分音乐人，这些人薪酬优越，工作时间却较短。拥有这类工作被认为是在当地音乐界获得成就的标志，而音乐行业外的局外人也同样

102

97

认可这种高等的工作。

非正式的、紧密联结的小集团（cliques）的网络可以在给定时刻为网络成员提供工作机会。不论是确保不丢掉任一等级的工作，还是转而去做新一等级的工作，一个人在这个网络里所处的位置都至关重要。小集团是由彼此的义务纽带而联系起来的，他们会在找工作上互相担保——如果有足够的权力，他们自己就可以雇用需要工作的伙伴，或者是向需要雇人的乐团推荐他们。这种推荐也相当重要，因为需要工作的个体可以通过这一途径与雇主建立联系；而缺少这种网络的音乐人就只能默默无闻而不被雇用，因此这种小集团的成员身份能确保他们的朋友能够把他们推荐给正确的人。

小集团的成员身份可以为个体提供稳定的工作机会。关于这一点，一个音乐人如是说：

> 就是这样的。我右手边有五个音乐人朋友，而左手边就不止五个了。任何一个朋友找到一份工作，他都会推荐给自己小群体里的这些伙伴。之后，只要这些人中的另一个找到工作，也会同样雇用先前那个给自己提供工作机会的朋友。就这么简单。他们从不会去考虑小圈子之外的人选。只要小集团里的一个人有饭吃，大家就都有饭吃。

103　　音乐人帮助他人找到工作，也承担着在日后回报恩惠的义务，这建立并巩固了他们之间的关系：

> 这个乐队里有好几个人都是我帮忙找到好工作的，并且一直工作到现在。有个吹长号的，就是我帮忙在一个不错的乐队里找到职位的。另一个吹喇叭的也是……一个需要雇乐手的领

队找到你，如果他日后觉得你推荐的人不错，那当他以后缺人手时还会来找你。这样你可以让你的朋友都有活干。

这类社会关系的数量和质量能带来安全感。一个人必须通过工作获得事业成就；一个人也必须拥有大量"关系"来享受稳定工作的安全感：

> 你需要在全城各处都有关系，直到任何地方需要雇人都会打电话找你的时候，你就永远不怕没有工作。

我们应该讲讲这与医疗行业的非正式组织的相似之处。音乐人在相互介绍工作方面的合作，与医疗行业"内部兄弟会"彼此推荐病人是相同的。[5] 不过，两者不同之处在于，医疗行业（除了几座最大的城市）往往会围绕少数几座大医院，这些大医院被一个或几个兄弟会控制着，而在音乐行业里，可能的焦点会有更多，组织的增殖也会相应地更多，这使个体因此有更多的机会来为自己建立有用的关系，并削弱了特定小圈子的力量。

小圈子除了为成员提供工作保障之外，还能够帮助成员往更高层次的工作流动。我们在若干小集团中发现，在等级体系中，不止一个层级能够提供成员身份；也就是说，位置较低者能够与较高层次者有所联络。当一个工作能够被等级较高者得到时，一个身处较低层次的人就有可能得到他更高层次的朋友的担保，得到后者的推荐或雇用，并由后者为前者的表现水准负责。一个在电台工作的音乐人用亲身经历描述了这一过程：

> 现在，成功的重要途径就是要有很多朋友。当然你必须演

奏水平过硬，但是你也必须要在各种不同的乐队都有朋友，这样，当某个乐队缺人的时候，他们就会想到你。这是个漫长的过程，我就花了差不多十年的时间才得到现在这份工作的。

如果受担保的音乐人的表现出色，他就会在刚涉足的这一个新层次建立更多的非正式关系，也就会在该层次拥有更多的工作机会。工作中的出色表现是音乐人在新层次里站稳脚跟的必要条件，而另一方面，担保人通常也会为他们提携的后生的表现捏一把汗。下面这个事件来自我的田野笔记，它就描写了担保人的这种多重身份，体现出这种焦虑本身，也体现出这种焦虑来自同行义务：

我有个朋友问我那晚有没有活干，我告诉他没有之后，他就带我去了另一个朋友那里，然后那个朋友又把我领去见了一个有很重意大利口音的老头。这个老头问我："你是弹钢琴的？"我说："是的。"他又问："弹得不错吧？"我又回答："是。"然后他说："弹得很好吗？确实很好？"我说："不算烂。这到底是个什么活儿？"他说："是在环城公路边的一家俱乐部。九点到四点半，一小时两块五。你确定你能干好？"我告诉他："当然！"他拍着我的肩说："好。我只是必须确认一下，所以要问那些问题。因为我不认识你，我不知道你弹得怎么样，你明白吧？"我说："我明白。"他又说："因为这毕竟是市中心的俱乐部，所以我必须确定你有能力做好。这是电话号码，你直接打过去跟他们说曼图诺让你去的——是曼图诺。我要知道你能弹好，才能让你过去，不然我自己会倒霉。去吧，现在就打过去。记住了，是曼图诺让你打过去的。"

他把电话号码给了我，我打完就得到了那份工作。我从电话亭里出来的时候，我那个帮我介绍的朋友过来问我："都还好吗？他们同意让你做这份工作了吗？"我说："是的，太谢谢你了！"他说："不客气。听着，你小子一定要表现好点儿。如果他们让你弹商业化的东西，你就弹吧。管他呢！你要是搞砸了，那可都是我的责任，你知道的。也不只是我倒霉，还有托尼和另外那个介绍你去的家伙，四个人都要倒霉。"

简而言之，要找到这些最优越的工作职位，既需要个人能力，也需要那种可以有义务向雇主担保彼此的非正式关系。如果没有足够好的能力，一个人就必然无法在新的层级上成功演出，但是有这样的能力还不够，只有这个人已经有了一定的关系，他才会获得合适的职位。对于推荐人来说，正如上面这两段引言所说，这样一种系统让求职者进入招工者的视野，并让在演出方面可信任的人选去填补职位空缺。

一个成功的职业生涯可被视为是由上述一系列步骤组成的，而每一个步骤也都是这样一个序列：担保、出色表现和到达每一个新层次时所建立的关系。

我注意到音乐人与医疗、工业人士在职业生涯方面的一个相似之处：成功表现与职业流动是个体与同行非正式组织网络间关系的功能。现在，我将转而讨论这一典型社会形式随音乐人对不受非音乐人干预的演出自由的强调而发生的变化，他们觉得这些非音乐人对音乐人神秘的艺术天赋缺乏足够的理解和鉴赏力。既然音乐人想要的这种自由是很难（甚至不可能）达到的，大多数音乐人就会觉得牺牲一部分专业标准来迎合听众和掌握雇佣大权者的口味是必要的。于是这又产生了另一个维度——职业声望，它基于音乐人拒绝因局外人需求而调整自己演出的程度——一边是"跟着自己的感觉

106

走"，另一边是"人们要听什么，我就弹什么"。爵士乐手选择追逐着自己的感觉，而至于商业化乐手，他们当中有一名非常成功的乐手用一句话很贴切地概括了他们的态度："为了钱，我什么都做。"

如前文所述，音乐人认为这一处境中存在着一个内在矛盾，即他们无法同时做到讨好听众和坚持自身艺术的完整性。一名电台音乐人在访谈中谈到了在高层次的工作里遭遇的类似矛盾和压力：

> 在电台工作室里，最重要的就是不能出任何错误。他们根本就不在乎你演奏的水平是好是坏，只要你照着谱子一个音符都不差地演奏就行。你当然会在意自己的演奏好不好听，但是那些人压根就不在乎……他们不在乎你的演奏通过话筒后听起来如何，他们只关心商业效果。我想说，你可能还会对自己的演奏有些自豪，他们不会……这就是你要做的。只要演奏些他们喜欢的。

那些最有声望的工作，就是那些音乐人牺牲了音乐独立性和专业声望的工作。一名非常成功的商业化音乐人就牺牲了自己的艺术独立性，也强调了艺术独立性对职业生涯发展的负面影响：

107

> 我理解，你可能还是喜欢玩爵士。我完全明白你的感受。我过去也对爵士乐感兴趣，但后来我发现没人会为我掏钱，他们不喜欢爵士。他们更喜欢伦巴。说到底，这就是做买卖，不是吗？你干这行，就要混口饭吃，不然你就没法干，就这么简单。如果你想混口饭吃，就不能老是演奏爵士，他们不会喜欢。你必须投其所好，他们才会买单。你不要误解我的意思，任何一个人当然都能够玩爵士谋生，那当然好，但是我想看看谁能

做到这点。如果你在任何地方都想成功，你就必须商业化一些。

另一方面，爵士乐手在维持艺术声望的同时，也在抱怨自己很难找到收入良好的工作机会。

这样一来，一个人想要工作保障和事业有成，就必须和那些商业化定位的音乐人小圈子有所联系。这一行业中最高的酬劳由牺牲一部分基本专业标准的音乐人控制着，同时，任何一个音乐人若想要爬到他们希望的位置，就必须作出类似的牺牲：

> 你想想，如果你能把演奏做得商业化一些，你就可以和这些小圈子里的人混熟，他们可以为你提供很多不错的工作机会，而你就可以混得好。我就在一些城里最好的几家俱乐部做过，像 Q 俱乐部这样的地方。你必须这么演出，你也得和这些家伙混熟，这样一来，你就再也不用为工作操心了。你就等着每周按时收工钱吧。

由爵士乐手所组成的小集团，除了鼓励其成员坚持艺术完整性的声望以外，不会提供其他实际的帮助；相比而言，由商业化音乐人所组成的小集团会提供工作保障、流动机会、良好的收入，还有更为一般的社会声望。

以上这种矛盾是音乐人在个体职业生涯中所要面对的一个重要问题，其职业生涯的发展也取决于他对这样一种矛盾的反应。虽然我并没有收集到能证明这一点的资料，但是我们似乎能够合理地假设，大多数刚进入音乐行业的人都极度尊崇爵士乐和艺术自由。当职业生涯发展到一定阶段的时候（具体阶段因人而异），这个矛盾变得愈发明显，而此时音乐人也会意识到，他想要的那种成功是不可

108

能达到的，他想要的那种音乐表演独立性是不可能坚持的。他必须在这些不可调和的目标面前作出某种选择，也有可能是默认选择，而这种选择也决定了他以后的职业发展之路。

对这种两难境地的一种回应，就是离开这一行，从而彻底避免这样的矛盾。有的人因为无法找到满意的解决方式，只能中断他的音乐生涯。下面这名成功退行的音乐人就讲到了这样做的依据：

> 做音乐，不如做一份你知道会很压抑、你也预料到会很压抑的工作。如果是做音乐的话，你希望它会很精彩，但事实并非如此。这就像你做生意，你对它一无所知，于是你会想它很无聊，你会有这种期待。但是做音乐可以很精彩，以至于它没那么精彩时就会让你无比沮丧。所以还是去做其他工作比较好，它们不会像音乐这样消磨你。

我们也可以从留在这行里的人们身上找到对上述矛盾的不同反应。爵士乐手完全无视听众对艺术标准的要求，而商业化乐手则完全相反，但两者都会感受到这两种压力。在此，我的重点是讨论这两种对职业生涯命运的反应之间的关系。

选择对商业压力视而不见的音乐人，会发觉自己很难找到高收入和高声望的工作，也很难成为那些能提供此类流动保障和机会的小圈子的成员。很少有人愿意或能够处于这样一种极端处境，大多数人都会或多或少作出一些妥协。这种妥协所涉及的行动模式在音乐人职业生涯现象里十分常见，也被许多音乐人认为是在实践中不可避免的：

> 我遇见了 K.E.，我对他说："帮我找点活干吧！"他模仿一

个"老家伙"[6]的口气说道："孩子，等你学聪明了，能商业化了，我自会帮你，但现在还不是时候。"他用自己的原声继续对我说道："你为什么就不这么做呢？天，我想我正在引领商业化的潮流。我已经往那里走了很远了，不是吗？"

在音乐人职业发展生涯里的这个关键点，他会发现必须在自我认知上作出一些巨大的改变；他必须学会以一种全新的方式来认识自己，将自己作为另一种人来看待：

> 我想这种商业化的音乐方式已经让我陷进去了。要知道，就是在那些我可以玩爵士的工作中，在那些我可以完全自由选择演奏什么的工作中，我都会去想商业化，会想坐在那边的人可能喜欢听什么，甚至都会很自然地要把音乐弄得讨人喜欢一些。我过去工作时，都是只想要尽我所能把音乐做到最好，仅此而已。现在我一工作，我就会自动想到："这些听众想听什么？他们是喜欢肯顿[1]风的音乐，还是迪齐·吉莱斯皮［爵士乐团］，还是盖伊·伦巴多［一支商业化乐团］……"我会完全不由自主地去想这样的问题。我想我已经被这样的状态俘虏了。

而下面这名音乐人的说法说明了一种在自我认知方面的更为剧烈的变化：

> 我告诉你吧，我现在已经下定决心，唯一要做的就是商业　　110
> 化——他们想听什么，我就演奏什么。这样比较容易有地方可

---

[1]　指斯坦利·纽科姆·肯顿（Stanley Newcomb Kenton），美国流行音乐和爵士音乐家，流行于 20 世纪 40—60 年代。——译者注

去。有他们喜欢的曲调就行，不要任何的即兴发挥，不需要技术含量。我来告诉你，为什么我们不该坚持自己的演奏方式？那都是跟自己开玩笑。我们中的大多数人都不是什么真正的音乐人，我们只不过是演奏乐器的人。我是说我把自己看成一个普通的劳动者。我没有理由自欺欺人。大多数人都只是演奏乐器而已，他们根本不是什么音乐人，他们都该停止自我欺骗。

作出这样的决定，在自我认知上作出了这样的改变，为进入等级体系中的上等工作打开了路径，也为事业成功创造了可能条件，只要音乐人能够建立和维持适当的关系，并把握住这些机会。

有一种不用牺牲自尊的适应工作现实的方式，就是把自己定位成"工匠"。在这种定位下，音乐人不再在意自己演奏音乐的**种类**，而仅仅关心他是否**正确**完成了演奏，他是否掌握了正确完成这份工作所需的必要技能。他将能够无视任何音乐种类，一直以合适的方式演出，在其中找到自己的骄傲和自尊。

不同的音乐演出环境对保持这种自我定位的必要技能有着不同的要求。与小群体一起在酒吧演出的人，以熟知上百首（甚至上千首）歌曲并能以任何调号演奏为荣；和大型乐队一起工作的人，通常得意于自己的完美音准和精湛技艺；在夜总会和电台工作的音乐人，往往会对人吹嘘他精确的读谱能力。这种自我定位方式可以很好地满足雇主的要求，也有较好的工作质量，所以往往能让音乐人的职业发展获得成功。

111　　将自己定位为工匠的方式，在美国的几个音乐业中心比较容易维持，例如芝加哥、纽约和洛杉矶。这些城市有足够多的工作机会来支持音乐技能的专业化，而音乐人也能够一心一意地提高个人的演奏技能，所以人们会在这些大城市中发现许多演奏技艺精湛的音乐人。与此相反，小型城市不能提供足够多的工作机会，因而音乐人也很难有所专长，他们不得不什么都做，但什么都只是浅尝辄止。尽管在一些必要的音乐技能上是互相重合的——比如非常重要的音准——但是每一个音乐人都会有他不怎么擅长的方面。一个小号手可能具有非常高的爵士乐演奏水准，能出色地演奏小型的爵士乐，但是他可能并不那么擅长读谱，也可能在与大型乐队合作的时候有些无所适从。所以如果一个音乐人总是去做他不那么擅长的演出工作，他也很难维持作为一个工匠的尊严。

总之，音乐人对在工作中免受不可避免的干扰的职业自由的强调，创造了职业声望的一个新维度，而这种职业声望与先前所说的工作声望不可兼得。最好的回报掌握在两种人手中，一种是那些牺牲了自己的艺术独立性的音乐人，另一种是要求更高职位的应聘者作出类似牺牲的雇主。这给个体音乐人造成了两难境地，而他的回应也会决定他未来的职业生涯路径。拒绝妥协就意味着放弃找到高声望、高收入工作的希望，而只有向商业化的压力低头才有可能取得事业的成功（对其他职业的研究可能会关注那些职业的偶然性，这些偶然性同样也是该职业对顾客或消费者的基本工作问题的一个功能）。

父母和妻子

我已经指出过，音乐人会将追求免受外界干预的工作自由，扩展到一般性地拒绝受到社会常规的束缚。整个音乐行业的气质都培养了对自发的个人主义行为的褒扬，以及对一般社会规则的轻视。因此我们不禁猜测，从事该职业的人会带有这种气质，并会在与社

112

会发生密切联系时产生冲突问题。其中之一就是工作过程中听众带来的麻烦，我已经在前文中讲过这类问题对职业生涯的影响。

另外一种该职业与社会间的联系出现在家庭内部。作为家庭的成员，音乐人与一些门外汉产生了纽带，这些局外人可能是社会常规的信徒，而他们的权威是不被音乐人所认同的。这一类关系为日后发生冲突、对职业生涯和/或家庭纽带产生灾难性后果埋下了伏笔。这一节将着重分析这些冲突的性质以及它们对音乐人职业生涯造成的影响。

音乐人的家庭通过担保和经济支援的力量，对新入行的音乐人的职业选择造成巨大影响。霍尔在讨论医疗职业生涯的早期阶段时提到：

> 大多数情况下，家庭和朋友都会对形成个人职业发展轨迹以及督促求职产生重要影响。在督促求职时，他们会不断鼓励个人，让他们逐渐建立适合的例行事项，安排必要的隐私空间，阻止反常行为，设置每日的奖励。[7]

音乐人的父母往往不会用上述方式帮助他们进行职业发展。相反，如一个音乐人所说："天呐，大多数人都会在开始做音乐这一行时与父母发生激烈的冲突。"原因很明显：不管音乐人出身于怎样的社会阶层，有一点对其家庭来说十分显然——音乐人这一行当鼓励个人打破其家庭社会环境的常规性行为模式。尽管有证据表明一些下层家庭会将音乐职业视为可能的流动机会而鼓励个人入行，但是大部分的下层家庭似乎对音乐行业的这种叛逆风格最为忧心忡忡。对中产阶层家庭来说，成为一名舞曲音乐人就意味着选择了玩世不恭的生活态度，这可能同时有碍于个体和家庭的声望，并被中产阶

113

级家庭坚决反对。在这种情况下，个人会受到相当大的压力，以至于不得不放弃：

> 当我决定要当一名音乐人的时候，所有人都认为这样的想法太可怕了……我记得我高中毕业那天是星期四，而之后的星期一我要离家去找工作。那时，我的父母和所有的亲戚都反对我这么做，他们真的让我非常为难……其中一个伯父不停地说那是怎样不正常的生活状况，我可能无法结婚之类。

此类冲突会对个人的职业生涯造成两种最为典型的影响。一方面，有意成为音乐人的个人可能在家庭压力之下放弃以音乐为业。这种调整在职业生涯刚起步的人身上十分常见。另一方面，当然也有一些年轻人会辜负家庭的期待，继续以音乐为业，但是他们往往会在职业生涯的早期阶段就丧失家庭的支持，开始"单干"，在缺乏原有的家庭经济援助的情况下自食其力。音乐人在职业生涯的起步阶段往往都不会像其他职业那样获得家庭的资助和鼓励。

当音乐人结婚并建立了自己的家庭之后，他就进入了一种社会关系中，在那里社会常规以直接有力的方式呈现在他面前。他的妻子通常不是音乐人，但她会希望自己的丈夫既是一个好伴侣，也是家庭的经济保障。在一些职业中，工作和家庭的需求不存在冲突。在另一些职业中，比如医疗行业，虽然会有冲突，但也存在着夫妻两方都接受的、由社会认可的解决方式。但是对于像音乐人这样的越轨性职业来说，职业期望与外部期望互不相容，因此给音乐人造成了种种困境。114

音乐人认为工作要求必须优先于家庭要求，并会依此行事：

我老婆是个不错的女人，但是只要我还做这一行，我们就没法继续在一起。完全没辙。刚结婚的时候还挺好，我在城里工作，收入不错，当时真是皆大欢喜。但是那份工作结束之后我就闲着，直到找到另一个巡回演出的活儿。我需要钱，所以我同意去做，但萨莉却说："不行，我想你和我一起留在这里。"她可能很快就会让我去工厂干活！那简直是废话，我不可能那么做。所以我和乐队一起离开了那儿。我太喜欢干这行了，我不可能为了她或者任何一个女人就放弃。

在这个问题上，婚姻往往会变成持续不断的争斗，而争斗的结果决定了音乐人的事业是会被缩短还是会继续下去。我的田野笔记中有一个案例说明了这一点：

> Z俱乐部的那群人都在努力说服杰·马罗回来干全职，因为现在他和另一个人在一周里两班倒。白天他和他妻子在同一个办公室工作，做一些记账和打杂的工作。他们都想说服他辞掉那份工作，但是他妻子坚决反对。
>
> 从我认识他的第一天起，杰就一直是个音乐人，这可能是他这辈子头一回打一份白天工。Z俱乐部的鼓手吉恩跟我说："他去打那份白天工简直太傻了，那样能挣多少钱？一周绝对不超过三十到三十五块。在这里，只要三个晚上就可以挣那么多。他老婆希望他别干音乐了。她不喜欢他晚上工作，不喜欢他在酒吧里被小妞们包围。但是当一个人完全可以做点他喜欢的事，同时还能挣更多的钱，为什么还要去干一个如此可悲又没钱的工作？完全没道理。而且他没理由这样自我折磨。他在这里工作很顺手，打那份白天工却很折磨，为什么要去做那见鬼的小职员的

115

工作?"萨克斯风手约翰尼说："那还不简单，就是因为他老婆要他这么做。"吉恩说："他不该受他老婆摆布。感谢上帝，我老婆从不告诉我该怎么做。他也不该忍受她那些无聊的废话。"

　　他们随后开始了一些行动。他们接连邀请杰在工作日白天一起出去，而杰不得不因此逃班。在一次类似的活动之后，吉恩说："伙计们，他老婆已经快疯了！她不想他出来鬼混又丢了工作。她知道是我们故意这么做的，觉得我们简直太坏了。可能吧，从她的角度来说。"

　　［几个星期之后，杰辞掉了白天的那份工作，完全回来做音乐了。］

对于另一些家庭责任感较重的音乐人来说，情况就不那么简单了。音乐行业不稳定的经济收入来源让他们很难履行家庭经济支柱的职责，这有可能使音乐人不得不对此选择一种典型的回应模式——离开这一行业：

　　我没有足够的工作，我想我应该找一份见鬼的白天工。要知道，只要结婚，情况就不一样了，结婚前，我工不工作完全无所谓。那时候如果我需要钱，我就问我妈借一点。现在不一样了，那些账单是不会等你的。你结婚了，就必须不断工作，因为要供养家庭。

即使婚姻并未导致职业生涯的中断，但婚姻需求带来的巨大压力会迫使音乐人向商业化妥协：

111

如果你想一直都有活干，你必须时不时受一些委屈……我不在乎。我要养老婆，所以必须努力工作。如果有些老古板过来要我演奏"啤酒桶波尔卡"，那我也会面带微笑地为他演奏。

因此，婚姻也会加快事业成功的进程。尽管无法担保，但婚姻能督促音乐人抓住进入那些小圈子的机会，而这些商业化定位的小圈子最有能力为成员提供稳定的工作机会。

于是，家庭作为一种需要音乐人按常规行事的制度，给音乐人带来了多种相互冲突的压力，还有忠诚及自我认知方面的问题。而音乐人对这些问题的回应对职业生涯的寿命以及发展方向都具有决定性的影响。

注释

1. E. V. Hughes, "Institutional Office and the Person," *American Journal of Sociology*, XLIII (November 1937), pp.409—410.

2. Osward Hall, "The Stages of a Medical Career," *American Journal of Sociology*, LIII (March 1948), p.327.

3. 见 Everett C. Hughes, *French Canada in Transition* (Chicago：University of Chicago Press, 1943), pp.52—53；Melville Dalton, "Informal Factors in Career Achievement," *American Journal of Sociology*, LVI (March 1951), pp.407—415, 文中探讨了在工业组织中同业群体如何影响职业生涯的发展；Hall, "The Stages of a Medical Career," *American Journal of Sociology*, LIII (March 1948), p.327, 文中同样分析了同事对医疗职业的影响，他提出"内部兄弟会"(inner fraternity)的概念来指称能给人施加最强影响力的群体。

4. 见 Howard S. Becker, "The Implications of Research on Occupational Careers for a Model of Household Decision-Making," in Nelso N. Foote, editor, *Household Decision Making* (New York：New York University Press, 1961), pp.239—254；以及 Howard S. Becker and Anselm L. Strauss, "Careers, Personality, and

Adult Socialization," *American Journal of Sociology*, LXII（November, 1956）, pp.253—263。

5. Hall，"The Stages of a Medical Career," *American Journal of Sociology*, LIII（March 1948）, p.332.

6. "老家伙"（old guys）是较年轻者对控制了大多数绝佳工作机会的小圈子的常用称谓。

7. Hall，"The Stages of a Medical Career," *American Journal of Sociology*，LIII（March 1948），p.328；又见 Becker，"The Implications of Research on Occupational Careers for a Model of Household Decision-Making," in Nelso N. Foote，editor，*Household Decision Making*（New York：New York University Press，1961）；以及 James W. Carper and Howard S. Becker，"Adjustments to Conflicting Expectations in the Development of Identification with an Occupation," *Social Forces*，36（October 1957），pp.51—56。

第七章　规则及其执行

在前面的章节中，我们思考了越轨者的一些共性，以及他们被贴上局外人标签并视自己为局外人的过程。我们具体考察了两个局外人群体的文化和典型职业发展模式：大麻吸食者群体及舞曲音乐人群体。现在，是时候转而考虑问题的另外一边，即局外人没能遵从的那些规则的制定者和执行者。

这个问题很简单：规则是何时被制定并执行的？在前文中我已经说过，规则的存在并不自动等同于被执行。在规则的执行过程中存在诸多变数。我们既不能说规则的执行仅仅依靠某些警醒的抽象群体就能完成，也不能说"社会"会被每一次违规破坏并因此试图恢复平衡。当然，我们可以设想一种极端的情况——在某个群体内部，所有的规则都会被绝对、自动地执行，但是这一极端的假设只会厘清一个事实，那就是平常的社会群体并非如此。一般只有当一些具体事件触发了规则的执行，规则才会被执行。因此可以说，规则的执行需要原由。

这种原由是建立在一些前提之上的。首先，规则的执行本身是一种需要事业心的行为。必须有某个人——一名事业家——来积极地惩罚罪犯。其次，规则的执行需要那些期待规则被执行的人使罪犯违规的行为引起他人的公开注意，违规一旦公开，就不会被人们忽视。换句话说，规则的执行需要有人来吹哨、揭发。再次，揭发者要看到执行规则带来的好处，这通常会是个人利益。最后，促使规则执行的个人利益种类会因执行情境的复杂性而异。我们不妨通过几个具体的案例，来看看个人利益、事业心（enterprise）、公共宣传（publicity）如何与情境的复杂性互动，以产生成功或失败的规则执行。

118

我们回忆一下马林诺夫斯基提到的特洛布里恩群岛岛民的同族乱伦事件，其实这件事在当地人尽皆知，但是无人采取任何行动。这一事件的女主角原本要和前情人成婚，但是她最终选择和另一个男人在一起，这让前男友受到了很大伤害，于是他采取行动公开指责启米的乱伦行为。这名男子的公开指责并没有改变情境，因此启米只能选择结束自己的生命。这一案例中的社会结构相对简单，社会成员对规则并无冲突争议，大家都觉得同族乱伦是错的。当个人利益促使某些人产生动机，他就可以通过公开违规行为来保证规则的执行。

而在相对更加无序的匿名性的都市生活情境里，我们也发现了与上述例子相似的情况：人们在规则的执行方面缺少冲突，但是其结果往往不同，因为人们所达成的共识的实质是，即使是最严重的违规行为，他们也不会注意，不会干预。城市居民只关心个人利益，除非他人违反规则的行为触及自己的利益，否则他们不会对此采取任何行动。齐美尔将都市人的这种典型态度贴上"矜持"（reserve）的标签：

在小城镇里，人们几乎彼此都认识，并且相互之间也都保持了良好的关系。如果都市人要在内心里应付像小城镇里那样的永无至境的人，那他们的内在将会被彻底原子化，并将陷入一种不可想象的精神状态中去。造成都市人这种事实的一部分原因是心理，另一部分则是他们在面对大都市环境中诸多不确定因素时所拥有的一种不信任的权利，这让我们的矜持必不可少。这种矜持的结果之一就是，我们经常发现自己连多年的邻居都不认识。也正是这种矜持，让都市人在小城镇居民的眼中显得格外冷漠无情。当然，如果不自欺欺人，我们还会发现，这种外在矜持的内里不仅仅是冷漠，它往往会比我们意识到的要更多——它是轻微的憎恨，是相互的陌生感和排斥。这些纠结的复杂情绪有可能在较为密切的接触中爆发为仇恨和恐惧，随后引起其他后果……

这种带有隐性厌恶色彩的矜持，反过来成为了一种在大都市里弥漫的更为普遍的精神现象：它给予都市人某种或者一定量的在任何其他情况下都无法比拟的个人自由。[1]

几年前，某家全国性的杂志刊登了一组以大都市的矜持为主题的照片。在其中一张照片里，一个男人不省人事地躺在城市车水马龙的大街上，而在随后的组照里，无数行人要么对他视而不见，要么只瞥上两眼就继续转身去做自己的事情。

矜持尽管在城市中较为常见，但也并不是全部城市生活的特征。城市里的许多区域与小城镇的情况较为类似，如一些贫民窟与民族同质性较高的地区，这些居民会认为自己对社区里的一切同样负有责任。都市人表现出的矜持在匿名性的公共场所最为显著，例如时代广场和道富银行。在这样的场所，都市人认为自己对周围发生的一切都毫无责任，有专职执法人员处理任何不正常的事情。他们默许可以无视违背规则的行动，这部分是因为执行工作该留给专职人员来处理。

在结构较为复杂的情境下，很可能会出现对情境的不同阐释，并在规则执行方面出现冲突。当一个组织内部有两个利益群体进行权力争夺，例如在工作中经理和雇员之间对工作情境控制权进行争夺，那么冲突就可能是长期持续的。但是，正是因为组织内部长期持续着此类冲突，冲突可能永远不会被公开。相反，双方很可能会在一个限制双方的情境下，发现允许彼此留有一定的违规行为可以获得好处，并因此不去揭发它们。

梅尔维尔·道尔顿（Melville Dalton）曾经对工业组织、百货商店以及类似工作场所的雇员的系统性违规作过研究。他调查发现，雇员常常把公家的服务和物品用于私人用途，并指出这一行为通常会被视为盗窃。管理人员试图杜绝这种挪用公家资源的行为，但总是难以做到，然而，他们通常也并不会将这类事情公布于众。道尔顿举出了以下几种挪用公家资源的案例：

一名工头准备在家开一个机械车间，他从打工的那个车间里拿来了许多昂贵的机器。包括钻床、成形机、车床、切割机、钻孔机、工作台，还有一个研磨机。

一家大工厂的木匠车间工头是一名出生在欧洲的手艺人，他每天都把大量的工作时间花费在为上级主管制造私人家庭用品上，有婴儿床、防寒窗、桌子和其他一些定制的家具。而作为回报，他会收到红酒和宰好的家禽这样的礼物。

一名办公室职员在上班时间用公家的材料及邮票写了她所有的信件。

117

一名医院放射科技术员从医院偷窃了火腿及罐头食品。他认为自己有权这么做，因为医院的薪水很低。

一名退休的公司领导曾在工厂车间里建造了一个十一格的大鸟笼，并让工厂职工帮忙安到他家里。每年春天，工厂的木匠还要为他维修鸟笼。

一家当地快艇俱乐部的扩建，都是由许多在工厂上班的俱乐部会员在上班时间用公家材料完成的。

许多百货公司服装部的负责人可以在他们自己想买的商品上标明"已损坏"，并相应地降低价格。他们同样会以高于售价的价格出售商品，从中积累一笔利润，用来抵消他们私自挪用商品的费用。[2]

道尔顿认为，若是将所有类似行为都归为盗窃，那就是没有抓住问题的重点。在他看来，管理层虽然会正式斥责内部盗窃的行为，但也是其中的共谋者；这根本不是一个盗窃系统，而是一个报酬系统。那些人挪用的组织的服务和物品，实际上是他们对自己为组织作出的突出贡献进行非正式的回报，而这些回报是不存在于合法报酬系统里的。那名将公家设备带回自家车间使用的工头，实际上是在奖励自己放弃天主教信仰而成为一名共济会成员，这是为了表示自己能够胜任管理性的工作。而医院对那名放射科技术员盗窃医院食物视而不见，是因为医院行政人员也知道他们提供的薪水不足以让他在工作中保持忠诚和勤奋。[3]规则未被执行的原因在于两个彼此竞争的权力集团，即管理者和雇员两个集团都在放任违规行为的过程中各自体会到甜头。

唐纳德·罗伊（Donald Roy）在一家机工车间的案例中描述了类似的规避规则的情况，并再次证明，如果双方在一个以权力和利益彼此制衡为特征的系统里互为伙伴，那么其中一方就不会检举另一方的违规行为。罗伊研究的机床工人获得的是计件工资，而当这些工人想要在计件工作中挣到比每小时基础工资更高的收入时，就会发生违规行为。通常情况下，要想挣更多钱，他们就只能偷工减料，或是用一些公司规定所不允许的方式来工作（例如无视安全措施，或使用一些被禁止的工具和技术）。[4] 罗伊描述了一个"车间集团"（shop syndicate），它与机床工人合作，规避了正式的车间常规，而检查员、工具管理员、核时员、仓库管理员，以及机械调试员也都参与了帮助机床工人获得额外收入的过程。[5]

例如，机床工人不应该留下他们当前工作所不需要使用的工具，罗伊在研究中发现，当有关工具使用的新规定刚刚发布的时候，工具管理员最初遵循了公司规定来管理工具。但是他们渐渐发觉，严格按照规定只会让来自己的窗口借还工具的人络绎不绝，这群牢骚不断的人让自己的工作变得十分困难。于是，在规定颁布后不久，工具管理员就开始违反该规定，让工人保留借出的工具，或者自由出入办公室来借还工具，工具管理员通过允许机床工人违反规则，让自己的工作状况轻松了很多，也不用再为工人的抱怨而烦恼。

规则的执行会在同时存在多个竞争群体时变得更加复杂。因为有更多不同的利益需要满足，而冲突也更加公开和不易解决，所以不论是适应还是妥协其实都很难实现。在这种情况之下，公共宣传渠道成为一个至关重要的变量，而那些要求不执行规则的利益群体或个人会努力阻止违规消息的公开化。

检察官的角色便是一个很合适的例子。检察官的工作之一就是监督大陪审团。大陪审团必须听取证据，并由此决定是否起诉据称违法的被告。尽管通常情况下，大陪审团都是依据检察官所提供的证据，但他们依然有权亲自去调查取证，并可以提出检察官并未提

123

出的起诉请求。作为公众利益的保护者，大陪审团可以怀疑检察官是否隐瞒了部分事实。

实际上，检察官确实有可能隐瞒了部分事实。他可能卷入了政治家、警察和罪犯间达成的允许卖淫、贩毒、赌博等犯罪活动的某种交易，即使他自身没有直接参与其中，但他可能对参与者负有政治义务。面对犯罪与政治腐败之间的利益关系，一个忠于职守的大陪审团很难找到真正可行的妥协方法，这比在一个工厂里的两个权力集团之间找到满意的妥协之道还要难。

面对这样的两难困境，腐败的检察官会试图在陪审团所不知道的法律程序上做文章。但是曾经有过"失控"（runaway）的陪审团的事例，其成员克服了检察官的阻力，对那些他想避而不谈的事项亲自调查取证。这种"失控"陪审团体现出了事业心，进行了让检察官感到尴尬的公共宣传，将之前无人知晓的违规行为公之于众，并常常掀起反对政治的各种运动。"失控"的大陪审团的存在提醒人们，腐败检察官的功能就是企图避免这种陪审团的出现。

因此，由个人利益产生，由公共宣传促成，并受到组织特征制约的事业心，是规则执行中的关键变量。在人们对规则的执行达成基本共识的情境下，事业心的运作最为直接。一个人有利益诉求，才会将违规行为引入公众视线，行动才会产生；如果没有一个事业心重的人，那么也就不会有行动产生。当一个组织内部存在两个彼此竞争的权力集团时，只有在作为这二者关系特征的妥协体系不复存在的情况下，规则才会真正被执行；否则，让逾越规则的行为继续存在就是皆大欢喜的状态。在多个彼此竞争的利益集团共存的情况下，规则是否会被执行就更具变数，这取决于相关集团之间的力量对比以及它们对公共宣传渠道的掌握。在本章接下来的部分，我们将通过研究《大麻税法》（Marihuana Tax Act）的历史，来了解不同因素在同一复杂情境中的作用。

规则执行的不同阶段

在研究那段历史之前，先让我们从另一个角度来考虑规则执行的问题。我们已了解到，在不同类型的社会结构中，规则的执行过程会有所不同。现在，我们加入时间维度，然后再来简要看看规则执行所经历的各个过程——也就是规则执行的自然史。

所谓自然史与历史的区别在于，自然史关注一类现象的普遍性，而并非单独实例中的独特性。它所努力探寻的是促使这类现象的典型特征，而非造成现象间差异的原因——简言之，它关注规律性，而非特异性。因此，我在这里将要考察的是规则的制定和执行过程中的共性的，并构成其独特标志的那些特征。

在研究规则的制定和执行过程的不同阶段时，我将使用一个法律模型，但这并不意味着我的这些论断都只适用于法律案例。其他不及法律正式的规则在制定和执行上也会具有相同的过程。

特定规则常常起源于那些模糊而笼统的有关偏好的说法，这些 125
说法常常被社会科学家称为价值（values）。学者已经对价值给出了许多种定义，但我们在这里并不需要讲到那些争议。社会学家塔尔科特·帕森斯的价值定义就和其他定义一样有用：

> 价值是一个共享符号系统的要素，它是在一个情境里内在地开放选择不同定位方式时所依据的标准或准则。[6]

例如，平等就是一种美国意义上的价值。我们更愿意平等待人，忽略人与人之间的差异。个人自由同样也是一种美国价值。我们更愿意让人们都能自得其所，做自己想做的事情，前提是没有强烈的反对理由。

然而，价值对于行动来说并不是什么好的向导。价值体现出的选择标准都过于笼统，仅仅是指出哪种行动方式更为可取，而其他所有事项都是平等的。但是在日常生活的具体情境中，其他所有事项很少是平等的。我们发现，很难将价值陈述的一般性与日常生活情境中复杂而具体的细节联系起来。我们无法轻易准确地将一个模糊的平等概念与具体的现实联系起来，所以我们也很难知道在特定的情境下，价值会推荐我们采取怎样的具体行动路线。

以价值为行动指导的另一个困难在于，模糊而笼统的价值会让人们对自己持有的几种相互冲突的价值毫无觉察。当人们在危机时刻意识到自己无法决定在推荐给我们的相互冲突的行动方案中应该采取哪一个时，人们会意识到这些价值作为行动基础的不足。例如说，我们会肯定平等的价值，这一价值让我们禁止种族隔离。但是我们也同样支持个人自由的价值，该价值令我们不应干预那些在私人生活里实行种族隔离行为的人。最近，一名拥有私人帆船的黑人宣称纽约地区没有任何一家游艇俱乐部愿意接纳其为会员，此时，我们会发觉我们的种种价值并不能帮助我们决定应当如何处事（具体规则之间也会产生冲突，比如联邦法要求公立学校内进行种族融合，而某些州的立法却禁止。好在司法程序的存在可以帮助解决这一冲突）。

正因为价值在只能为行动给出一般性的指引，而不能根据每一具体状况进行行动决策，人们发展出了一些与日常生活现实联系更为紧密的具体规则。换句话说，价值为推导这些具体规则提供了重要前提。

在一些存在问题的情况下，人们将价值观塑造为一些具体的规则。因为他们会发觉自己生存的某些方面存在一些难题，并需要采取一些行动。[7] 在对自己认同的诸多价值进行考察之后，他们会选取一种或多种与当前困境相关的价值，并由此推导出一条具体的规则。这一规则与选取出的价值相融贯，相对准确地指出了哪些行动可取，而哪些行动被禁止，这条规则适用于哪些情境，以及对违反规则会有哪些惩罚。

一条具体规则的理想型是一条经过仔细起草并包含大量司法解释的立法。它不带有任何模糊不清的色彩。反之，它所包括的条款是十分精确的，人们会清楚地知道什么是能做的，什么是不能做的，以及做错会受到怎样的惩罚（当然，这终究是一个理想类型。大多数规则并不那样简单和精确，尽管它们比价值已经明确了许多，但是在决定行动方案上也会造成一定的困难）。

正是因为价值是模糊而笼统的，我们可以从许多不同的角度来解读它们，并由此推导出种种规则。一条规则可能与一种给定价值相一致，而同一种价值也可以产生大相径庭的规则。此外，通常只有在必要的时候，才会有人从价值中推导出具体的规则。我们可能会发现，那些按照逻辑从一种广泛存在的价值中推导出来的规则，可能并不会被持有这种价值的人想到，原因可能是需要该规则产生的情况和问题尚未出现，或是人们还没有意识到问题的存在。再者，从某一普遍价值中推导出来的一条具体规则，可能会与由其他价值中推导出来的其他规则相冲突。这种冲突不管是显性还是隐晦地为人所知，都有可能会抑制某一特定规则的产生。因此，规则并不是由价值中自动产生的。

由于一条规则可能满足某种利益，同时却与规则制定群体的其他利益相冲突，所以在制定规则的过程中，人们往往会确保它只能达到预期目的，而无其他。具体的规则都有限定条件及例外情况，这样一来，它们就不会与我们认为比较重要的其他价值发生矛盾。反淫秽法在这里是一个很好的例子。这类法律的基本意图在于，在道德上令人反感的事物不应公开传播。但这与另一种重要的价值——言论自由产生了冲突。除此之外，这也会对一部分作者、剧作家、出版人、书商和戏剧制作人的商业利益与职业发展造成妨碍。在经过许多调整和限定之后，现在的反淫秽法已经不再覆盖那些对淫秽的危害深信不疑的人所期望的广泛范围。

具体规则可以体现在正式的立法中。它们也可能仅仅局限于某一特定群体的习俗，并只通过一些非正式的惩罚措施来实现。法律规则自然是最有可能清楚明确的，而非正式以及习俗性的规则就最有可能是模糊的，人们对此就有可能产生许多不同的阐释。

128　　　但是一条规则的自然史并不随着某一具体规则从一般价值中推导出来而结束，具体规则仍然需要在特定情境中的特定人群身上得以执行，它必须在特定的执行行动中得到最终体现。

在前一章节我们已经看到，规则的执行行动并非随着违反规则的行为而自动产生，而是有选择性的，而且是由不同的人在不同的时间和情境下选择的。

我们在此可以质疑，是否所有规则都是按照这样的顺序，即由一般价值产生，而后又产生具体的执行行动。价值可能包含一种未使用的潜力——尚未推导出的规则在适当的情况下，可以成长为成熟和详尽的规则。与此同时，许多具体的规则从未被执行。从另一方面来说，是否会有一些规则的产生并非基于一般价值？或者说，是否存在一些不被任何规则支持的执行行动？当然，有许多规则颇具技术性，它们不以一般价值为基础，而是试图调和与其他先前规则的矛盾。例如证券交易管理法规可能就属于这一类规则。这种规则似乎并不是为了实施一种普遍的价值，而是为了规范一个复杂组织的运作而存在。同样，我们也会发觉，一些个体的执行行动所基于的规则，仅仅是在某些需要合法化自己行为的时刻发明出来的，而警察的一些非正式的法外活动也归于这一类别。

如果我们将上述这些例子看作是偏离了规则的自然史模型的例外，那么在我们有可能感兴趣的内容里，又有多少可以用这一模型来解释？这是一个事实问题，需要研究各种情况下的各种规则来解答。但我们至少知道，有许多规则都遵循着这一模型所阐述的序列顺序。此外，这个序列即使在最初并未应验，也常常被追溯性地填入。这也就是说，一条规则很可能只是为了满足某个人的特殊利益而产生，并且随后可以在某些普遍价值中找到依据。同理，一个自发的执行行动可以通过创造一条相关规则来使其合法化。在这些案例中，尽管时间序列被改变了，但是由一般到具体的形式关系仍然保留存在。 129

假如许多规则的形成遵循着从普遍价值取向再具体执行行动的顺序，但依照该序列发展并非自动或不可避免的，那么为了解释这一序列中的具体环节，我们就必须关注事业家（entrepreneur），即确保这一序列发生的人。如果一般价值被作为具体规则的基础，那么我们就必须要关注那个以推导这些规则为业的人；而如果具体规则在特定场合下用于特定的人，那么我们就必须关注那个以促使规则的实施和执行为业的人。因此，我们要对事业家本身，他出现的情境，以及他如何运用他的事业家本能进行考察。

一个解释性案例：《大麻税法》

人们通常认为吸食大麻的风气是从墨西哥传入美国的，主要经由的是亚利桑那州、新墨西哥州和得克萨斯州这几个有大量西班牙语人口的州。人们最初注意到大麻吸食行为是在 19 世纪 20 年代，但是由于现象较新，并且多数只在墨西哥移民中发生，因此这并未引起过多的关注（人们从大麻植株中制造药物已经有一段时间，但是美国医生在开处方的时候很少使用到它）。截至 1930 年，只有十六个州通过了禁用大麻的相关法律。

然而，在 1937 年，美国国会通过了《大麻税法》，旨在消除大麻的使用。根据前文谈到的理论，我们应当在这部法律的历史中找到一个事业家的故事，他积极进取的事业心胜过了公众的漠然，并最终抵达了联邦立法的终点。在具体研究这部法律本身的历史之前，我们或许应当看看美国法律对待类似物质的方式，以理解试图控制大麻使用的背景。

在美国，酒精及鸦片类药品的使用有着较长的历史，其间不乏政府压制的尝试。[8] 有三种价值为防止使用麻醉品和毒品的尝试提供了合法性依据。其中一种合法化价值即所谓的新教伦理的一部分，这一价值认为每个人都应当为自己的行为和处境负责，不应做出任何可能引起自控力丧失的事情。酒精及鸦片类药品在不同程度上会使人丧失自我控制能力，因此从这一点来说，使用它们是罪恶的。一个沉溺于酒精的人往往对自己的身体活动缺乏控制力，而由大脑控制的判断能力也会受到影响。对于鸦片吸食者来说，他们更容易受其麻醉，也就不那么容易做出鲁莽轻率的行为。但是，他们会越发依赖于鸦片类药品来防止戒断反应的症状，从这个意义上说，他们已经对自己的行为丧失了控制力。一旦鸦片类药品的获取发生困难，他们会不顾一切去弄到它们。

另一种让控制酒精及鸦片类药品使用合法化的美国价值，是对于单纯为了达到出神状态（ecstasy）的行为的反对。这可能与我们文化氛围中强烈的实用主义和功利主义色彩有关，美国人常常对任何形式的出神体验有着矛盾和不适的感觉。但是，我们并不斥责那些作为合理行为的副产物或奖励的出神经历，例如勤奋工作或是宗教热情。只有当人们是为了追求出神而追求时，我们才会把他们的追求行动谴责为"不正当的快感"（illicit pleasure），这种说法对我们有实在的意义。

　　第三种支持控制酒精及鸦片类药品使用的价值是人道主义。改革家们认为，被酒精和药品奴役的人们可以得益于法律，因为法律使他们无法向自身的软弱屈服。酗酒者和瘾君子的家庭也会从中受益。

　　这些价值为具体规则提供了基础，美国宪法第十八修正案（The Eighteenth Amendment）和《沃尔斯泰德法》（Volstead Act）禁止了美国酒精饮料的进口和国内生产。《哈里森法》（The Harrison Act）也在实际上禁止了鸦片类药品除医疗用途以外的使用。

　　这些法律的制定过程十分小心地避免干预到社会其他群体的合法利益。例如《哈里森法》就允许医疗机构继续将吗啡和其他鸦片提取物用于缓解病人的疼痛或其他正当医学用途。此外，这部法律在制定时也是为了避免与宪法中保留各州治安权的条例发生冲突。根据这一限制，该法律被表述为一项征税措施，对无执照的鸦片类药品经营者以高税率征收税款，而允许持证经营者（主要是一些内科医生、牙医、兽医和药剂师）支付名义税。尽管宪法将《哈里森法》作为一项征税措施，但该法律事实上是一项治安措施，而那些受托执行该法律的人也如是解释。《哈里森法》的通过的一个后果，就是财政部在1930年成立了联邦麻醉品管理局。

　　这些价值既然能够产生酒精及鸦片类药品的禁令，那么它们也就同样适用于大麻的情形，而且这样做似乎是符合逻辑的。然而，

131

根据熟悉当时大麻使用状况的人所言，我认为在 20 世纪 20 年代晚
期到 30 年代早期，既有地方法律的执法要相对宽松得多。这毕竟是
禁酒令的时代，警察当局有更重要的时期要做。因此，不论是社会
公众还是执法官员，显然都不把大麻视为一个严重的社会问题。而
当他们开始注意到这个问题时，他们可能认为不需要对此采取严格
的执法措施。对于大麻的执法不力，可以由大麻在联邦立法禁用之
前的相当低廉的价格体现出来。这说明销售大麻在当时没有任何风
险，而且官方对大麻的执法也很宽松。

就连美国国家财政部在 1931 年关于大麻的年度报告中也将该问
题的重要性降到最低：

> 近期报纸对滥用大麻或印度大麻之恶的持续报道引起了公
> 众的注意，而人们更多关注的是滥用毒品的具体案例，而非普
> 遍现象。这种宣传往往会夸大它的恶，并由此推论说大麻药品
> 的滥用在快速蔓延。而事实上，大麻滥用的增长并没有异常到
> 过分的程度。[9]

财政部麻醉品管理局在《大麻税法》的制定中起到了大部分的
事业推动作用。尽管我们对管理局官方的初衷不得而知，但我们只
需假设，他们发现了一片属于自己管辖范围的不法行为领域，并将
其置于那里而不顾。至于推动大麻管理立法能够满足的个人利益，
是许多官员都有的：成功完成自己被指派的任务并获得完成任务的
最佳工具的利益。管理局对大麻问题付出的努力主要包括两种形式，
其一是配合制定管理大麻使用的各州立法，其二是为新闻媒体对大
麻问题的报道提供事实和数据。这是所有寻求制定规则的事业家可
以采取的两个重要方式：他们可以争取其他有关组织的支持，并通

过报刊和其他传媒来唤起公众对规则的赞同态度。如果这两方面的
努力都比较有效，公众就会注意到一个明确问题的存在，于是会有
一些相关组织一起参与到规则的制定中去。

联邦麻醉品管理局和统一州法委员会在对麻醉品管理制定统一
法律时进行了积极的合作，在诸多事项中一致强调对大麻使用的严
格控制。[10] 在 1932 年，统一州法委员会通过了一项草案，管理局对
此作出了以下评论：

> 现存宪法的不足似乎需要数个州政府来对印度大麻的贩卖
> 进行直接控制，而不是通过联邦政府。而且政策一直是敦促各
> 州政府当局能够提供必要的立法来支持，并支持执法活动，以
> 禁止除正当医疗目的以外的大麻贩卖。拟议的麻醉品统一州
> 法……其中包括限制贩卖印度大麻的规定的备选案文，它们已
> 经被推荐适合于实现预期目标的法律。[11]

在 1936 年的年度报告中，麻醉品管理局督促其合作伙伴投入更
多力量，并暗示联邦政府有必要进行一定介入：

> 在没有额外联邦立法的条件下，麻醉品管理局很难孤军奋 ₁₃₄
> 战去遏制大麻贩卖……这一药品的滥用情况在许多州不断蔓延
> 与增长，因此管理局努力敦促数州在当地对［大麻］法律进行
> 严厉施行。[12]

麻醉品管理局针对大麻问题作出的第二种努力在于通过"一场
展现毒品及其辨别和罪恶影响的教育运动"[13]，来使公众认识到大
麻对社会带来的危害。当局显然希望公众利益能够促使各州和城市

付出更多的力量：

> 鉴于联邦立法在此问题上的缺席，各州和城市应当有责任在消除这一有害作物的消极影响上努力采取措施。因此，所有具有公德心的公民都应当认真参与这场由财政部发起的要求加强大麻执法的运动中来。[14]

但是管理当局并未将行动停留在部门报告中的规劝上。它在推进理想立法的方法也同样体现在推进麻醉品管理的统一州法上：

135
> 应众多参与处理此项问题［统一州法］的组织要求，联邦麻醉品管理局编写了相关文章，供这些组织在报刊上刊登。一股有益于麻醉品法律推行的明智而富有同情心的公众利益被唤醒并持续下去。[15]

当针对大麻的联邦立法运动获得成功，管理局让公众认识到大麻问题紧迫性的努力也收到了显著成效。据《读者指南》(Reader's Guide) 记载的数据，这一时期有关大麻的流行杂志文章数目创造了历史新高。在两年间就有十七篇相关文章被刊登，比之前和之后的任何类似时期都要高出许多。

《读者指南》记载的大麻相关文章数目

时　　期	文章数目
1925 年 1 月—1928 年 12 月	0
1929 年 1 月—1932 年 6 月	0
1932 年 7 月—1935 年 6 月	0

时　　期	文章数目
1935 年 7 月—1937 年 6 月	4
1937 年 7 月—1939 年 6 月	17
1939 年 7 月—1941 年 6 月	4
1941 年 7 月—1943 年 6 月	1
1943 年 7 月—1945 年 4 月	4
1945 年 5 月—1947 年 4 月	6
1947 年 5 月—1949 年 4 月	0
1949 年 5 月—1951 年 3 月	1

在这十七篇文章中，有十篇文章或明确对管理局提供的事实和数据表示感谢，或间接表示受惠于先前在管理局出版物或是国会就《大麻税法》提案所作的证词中的事实和数据（我们稍后会介绍该法案的国会听证会）。

136

管理局能够对新闻文章编写产生影响，这种影响的显著迹象是由管理局首先报道的一些悲剧故事一再出现。其中一个例子是，在《美国杂志》（American Magazine）中刊登的一篇文章中，麻醉品管理局局长本人提到了这样一桩事件：

佛罗里达州的一个［吸食大麻的］年轻瘾君子杀死了自己一家老少。当警察赶到事发现场时，这个年轻人仍屠杀场里徘徊。他用一把斧子杀害了自己的父亲、母亲，还有他的两个弟弟，以及他的妹妹。而他当时似乎还在飘飘然的感觉之中……他对自己的行径没有任何印象。警察了解到，他是一个神智健全的人，平日都很安静，而现在他完全是一个可怜的疯子。他

131

们最终找到了原因，这个男孩子说他在吸食一种被年轻伙伴们称为"麻瓜"的东西，其实就是年轻人对大麻的叫法。[16]

在此期间刊登的十七篇与大麻有关的文章中，就有五篇引述了这个故事，这足以体现管理局的影响力。

这些文章旨在让公众认识到吸食大麻的后果，认为吸食大麻不但有悖于自我控制的价值，也违背了对寻求"不正当的快感"的禁止，从而使限制大麻的举措在公众眼中合法化。当然，这些价值在先前要求立法禁止酒精及鸦片类药品不当使用的过程中也同样被呼吁。

这样一来，在引起对大麻问题的公众注意方面，联邦麻醉品管理局发挥了大部分的事业进取精神，也协调了其他执行机构的行动。于是，财政部代表带着他们事业的结晶——《大麻税法》草案来到国会并要求通过该法案。在 1937 年 4—5 月间，美国众议院筹款委员会花了五天时间对这项法案进行了审议，其听证会为该事业的运作及其适应其他利益的方式进行了清晰的阐述。

财政部的助理法律总顾问在向国会议员介绍法案时说："美国国内的主要报纸已经认识到这一问题的严重性，其中许多报纸都主张联邦立法来控制大麻贸易。"[17] 而后，他解释该法案的宪法基础与《哈里森法》类似，都是作为征税措施，以此试图让议员们确信该法案对合法行业可能引发的结果：

> 这项法案并不是要干预与大麻可能相关的工业、医学或者科学用途。大麻纤维以及由此制造的大麻制品（主要是通过大麻纤维的编织缠绕）是从植物成熟的茎部获得的，这部分是无害的，因此所有这类产品都完全不被包括在该法案提议禁止的

137

"大麻"范畴之内。另外还有一些情况下，大麻籽会用于种植业以及从中提炼制造绘画、涂料所需的大麻油，但是由于大麻籽包括成熟茎部所不包含的大麻药品成分，因此此类贸易不能获得同等程度的完全豁免。[18]

他进一步向议员们说明，在医疗行业中甚少使用到大麻药品，因此此项禁令不会对医疗行业以及制药业造成不良影响。

委员会的成员进行了必要流程，向麻醉品管理局局长提出质询，问为什么到现在才提出这项立法。局长解释道：

> 十年前，我们只听说在西南部存在这个问题，而就在近几年时间，它成为了一个全国性的威胁……我们一直在敦促数州进行统一立法，直到上个月，最后一个州的立法机关才通过了这项立法。[19]

管理局局长称，许多犯罪案件都是由大麻的作用而导致的，并介绍了几个案例，包括前文提到的佛罗里达州的恶性杀人案件。他指出，目前大麻的低廉价格增加了它的危险性，因为任何一个有几块闲钱的人都可以买得起大麻。

大麻籽油的制造商对法案中的特定文字表达提出了反对意见，而后法案很快就根据他们的具体要求进行了修改。但鸟食行业提出了更为严厉的反对意见，因为当时他们每年都要消耗约四百万磅大麻籽。前来的代表对自己的姗姗来迟表示歉意，因为他们直到最后一刻才发现法案中提到的大麻正是该行业产品的重要成分来源。政府方的证人坚持认为，大麻籽和瘾君子常用的大麻植株顶端的花一样都应该被禁止，因为前者也含有少量的可供吸食的活性成分。鸟

139　食制造商们争辩说，将大麻籽纳入法案会损害他们的行业。

为了证明豁免大麻籽的要求是合理的，鸟食行业代表还提出了大麻籽在鸽子养殖上的重要作用：

> ［大麻籽］是鸽子饲料的必要成分，因为大麻籽含有一种油类物质，对喂养鸽子很有价值，并且我们暂时还未找到其他可替代它的植物种子。如果用其他任何种子替代大麻籽，由新饲料喂养的雏鸽很可能会在性质上发生改变。[20]

北卡罗来纳州议员罗伯特·道顿（Robert L. Doughton）对这一说法提出质询："大麻籽对鸽子是否会引起与对人类同样的药物效果？"鸟食制造商代表回答："我从没发现过这样的情况。它可以使鸽子羽毛丰满，长势良好。"[21]

由于受到了强烈的反对，政府在禁止大麻籽的坚决态度上有所让步，认为大麻籽的使用可能无害于社会："我们意识到，当我们可能损害一个合法产业的利益时，举证的责任在政府身上。"[22]

在这些问题都得到解决之后，大麻法案的进程基本一帆风顺。由于缺乏组织、力量以及提出反对意见的合法前提，没有人作为大麻吸食者的代表出席法案听证会，在资料中也没有关于这部分人对法案意见的记载。在无人反对的情况下，同年7月，法案在众议院和参议院都顺利通过。麻醉品管理局的事业进取精神最终导致一条新的社会规则诞生，而这一规则的执行也创造了一个新的局外人群体——大麻吸食者。

140　　我已经从联邦立法的角度对大麻问题进行了详尽的介绍，但是这个角度不仅同样适用于一般的立法，也适用于更为非正式的规则的制定。不管规则是在哪里制定和运用，我们都必须清楚会出现有事业心、积极倡导的个体或群体。他们的活动可以被称为**道德事业**，因为他们要努力提倡的是创造社会道德构成的一部分——社会的是非对错准则。

无论规则是在哪里制定和运用，我们一定会发现有一部分人在努力赢得其他协调群体的支持和帮助，并借助现有的媒体来创造一个有利的舆论氛围。如果没有出现这样的情况，我们可能会发现他们所倡导的事业是不成功的。[23]

此外，无论规则是在哪里制定和运用，我们都预期其执行的过程会受到组织复杂程度的影响。这种影响在结构相对简单的群体中以成员的共识为基础，而在复杂结构中则是政治运作以及讨价还价的结果。

注释

1. Kurt H. Wolff, translator and editor, *The Sociology of Georg Simmel* (New York: The Free Press of Glencoe, 1950), pp.415—416.

2. Melville Dalton, *Men Who Manage: Fusions of Feeling and Theory in Administration* (New York: John Wiley and Sons, 1959), pp.199—205.

3. *Ibid.*, pp.194—215.

4. Donald Roy, "Quota Restriction and Goldbricking in a Machine Shop," *American Journal of Sociology*, LVII (March, 1952), pp.427—442.

5. Donald Roy, "Efficiency and The 'Fix': Informal Intergroup Relations in a Piecework Machine Shop," *American Journal of Sociology*, LX (November 1954), pp.255—266.

6. Talcott Parsons, *The Social System* (New York: The Free Press of Glencoe, 1951), p.12.

7. 社会问题的自然史路径，见 Richard C. Fuller and R.R. Meyers, "Some Aspects of a Theory of Social Problems," *American Sociological Review*, 6 (February 1941), pp.24—32。

8. 见 John Krout，*The Origins of Prohibition*（New York：Columbia University Press，1928）；Charles Terry and Mildred Pellens，*The Opium Problem*（New York：The Committee on Drug Addiction with the Bureau of Social Hygiene，Inc.，1928）；Interim and Final Reports of the Joint Committee of the American Bar Association and the American Medical Association on Narcotic Drugs（Bloomington：Indiana University Press，1961）。

9. U.S. Treasury Department，*Traffic in Opium and Other Dangerous Drugs for the Year ended December 31，1931*（Washington：Government Printing Office，1932），p.51.

10. *Ibid.*，pp.16—17.

11. Bureau of Narcotics，U.S. Treasury Department，*Traffic in Opium and Other Dangerous Drugs for the Year ended December 31，1932*（Washington：Government Printing Office，1933），p.13.

12. *Ibid.*，p.59.

13. *Ibid.*

14. *Ibid.*，p.30.

15. *Ibid.*，p.61.

16. H. J. Anslinger，with Courtney Ryley Cooper，"Marihuana：Assassin of Youth，" *American Magazine*，CXXIV（July 1937），19，p.150.

17. *Taxation of Marihuana*（Hearings before the Committee on Ways and Means of the House of Representatives，75th Congress，1st Session，on H.R. 6385，April 27—30 and May 4，1937），p.7.

18. *Ibid.*，p.8.

19. *Ibid.*，p.20.

20. *Ibid.*，pp.73—74.

21. *Ibid.*

22. *Ibid.*，p.85.

23. 古尔德纳描述了工业中的一个类似案例：一名新经理上任后，试图在厂内执行长期以来都形同虚设的规则（实际上相当于制定了新规则），这立刻引起了未经工会批准的"野猫罢工"（wildcat strike）；他没有获得工厂内其他群体人员的支持，亦没有建立一个有利的舆论氛围。见 Alvin W. Gouldner，*Wildcat Strike*（Yellow Springs，OH：Antioch Press，1954）。

第八章　道德事业家

规则是个人积极性的产物，我们也可以将表现出这种进取的事业心的人称为**道德事业家**（moral entrepreneurs）。具体来说道德事业家有两种类型，一种是规则制定者（rule creators），另一种是规则执行者（rule enforcers）。

规则制定者

我们将会看到，规则制定者有不止一种原型，而其中一种原型就是运动型改革者（crusading reformers）。他所关心的是规则的具体内容，他认为现有规则不那么令人满意，因为社会中仍有一些不尽如人意的恶存在，只有通过制定规则才能纠正它们，否则世界上没有任何东西是正确的。他的行为基于一套绝对的道德观念，他认为的恶就是真正、完全的恶，没有任何限定。不论用什么方式，只要是为了消除这种它们，就都是合理的。运动型改革家们既狂热又充满正义感，有时甚至会有些自以为是。

我们把这些改革者视为十字军一般的运动家是很恰当的，因为他们总是相信自己担当的使命无比神圣。这里有许多很好的例子，例如禁酒主义者，还有那些要求压制卖淫、性犯罪或是消除赌博现象的人。

这些例子都让道德改革者看上去爱管闲事，他们十分热衷于把自己的道德标准强加于他人。但这种观点比较片面。有许多道德运动家怀有强烈的人道主义情怀，他们不只是想要让他人去做他自己认为正确的事情，同时也相信这种新的行事方式对他们也十分有益，或者说他的改革能够使他们免受另一些人的剥削。禁酒主义者认为自己并不只是简单地将道德标准强加于他人，而是在试图为那些因沉迷酒精而无法享受幸福生活的人提供更好生活方式的条件。废奴主义者不仅想要防止奴隶主做错事，而是更希望能够帮助奴隶获得更好的生活。道德运动家正是出于人道主义动机的重要性（尽管他们会相对一心一意地致力于自己的特定事业），才会经常对社会中带有人道主义性质的其他运动提供帮助。约瑟夫·古斯菲尔德（Joseph Gusfield）指出：

> 美国 19 世纪的禁酒运动是通过提高道德水平和经济状况来提高人类价值的努力的一部分。宗教、平等主义以及人道主义的混合体正是诸多道德改革主义运动中十分突出的方面。禁酒运动的支持者也在其他一些改革运动中占了很大比重，包括要求严守安息日，废除奴隶制，保障妇女权利，平均地权以及改善贫困人口的生活状况的人道主义尝试……
>
> 基督教妇女禁酒联合会（WCTU）对提高下层阶级福祉的问题上表现出了较多的关注。它不仅积极开展运动，支持刑罚

改革，缩短工时，提高工人工资，废除童工，同时也活跃于其他人道主义和平等主义性质的活动。在19世纪80年代，基督教妇女禁酒联合会也致力于保护职业女工免受男性剥削的立法运动。[1]

正如古斯菲尔德所说，"这种类型的道德改革主义表明的是社会主导阶级为那些在经济和社会结构中都处于相对劣势的人的考虑思路"[2]。道德运动家正是想要帮助这部分不及他们的人获得更好的地位，而至于这些人并不总是乐于接受这种拯救他们的手段，这则是另外一回事。但道德运动通常是由社会结构中的上层主导的事实，也意味着他们从自己道德立场的合法性中获得权力，也从他们自身在社会结构中相对优越的位置获得权力。

很自然的是，许多道德运动家会从一些不如他们纯粹的人那里寻求支持。在禁酒运动中，一些实业家们之所以支持禁酒，是因为禁酒可以为他们提供更易管理的劳动力。[3]颇为相似的是，曾有传言说内华达州的赌场利益集团反对赌博在加州合法化的尝试，因为他们的生意很大程度上倚赖加州南部的赌客，而赌博在加州的合法化将极大冲击他们的业务。[4]

然而，道德运动家注重结果多于手段。在准备制定具体规则时（一般是指向州立法机关或联邦国会提交立法提案），道德运动家通常会寻求专家的意见。律师作为拟定内容恰当的立法提案的专家，往往在这一环节起到很大的作用。而负责管辖相关问题的政府部门也可能有必要的专业权威知识，正如前文提到的处理大麻问题的联邦麻醉品管理局。

不过，随着精神病学的思想越来越被广泛接受，精神病学家也逐渐成为一种新的专家人士。萨瑟兰在探讨有关性变态者的法律的自然史时，谈到了精神病学家的影响力。[5]他建议在一定条件下通过性变态法，使"被诊断为性变态的人可被无限期地关押在州立精神病院"[6]。这些条件如下：

首先，这类法律通常在某一社区因连续发生若干起严重性犯罪案件并引起恐慌后被颁布。印第安纳州的情况就是如此，印第安纳波利斯连续发生了三四起性侵犯案件，并且其中两起有受害者被谋杀。之后不久，一项法律就被颁布。当时家中的男人们都纷纷购买枪支和看门犬，而城里五金店的门锁和链条都卖脱销了……

制定性精神病患者法律的第二个要素是社区里由恐慌激发的活动。社区的注意力在性犯罪案件上，而人们在极端不同的情况下都能够预见这种危害，并认识到控制此类危险是必要和可能的……

制定性变态法第三阶段是任命一个委员会。这一委员会聚集了各种源于个人和群体的不同意见，并尝试确定"事实"，研究其他州的相关程序，其中常常包括立法法案。尽管普遍的恐慌会在短期之内得到平息，但是委员会有正式的职责去继续跟进这一事件，直到有积极的解决行动出现。如果人们的恐惧并没有导致委员会的产生，那就更不可能导致相关法律的制定。[7]

在性变态法的案例中，并没有特定的政府部门专门负责处理性越轨问题。因此，当在起草立法需要专家意见时，人们通常就会求助于与这类问题最为相关的专业群体：

在一些州，在制定性变态者法律的委员会阶段，精神病学

145

家起到极为重要的作用。相比于任何其他群体，精神病学家更多地成为了立法背后的利益群体。芝加哥的一个由精神病学家与神经学家组成的委员会起草的法案，就最终成为伊利诺伊州的性变态法；这一法案得到了芝加哥律师协会和库克的郡州检察官的倡议，并在随后的一次州议会会议上以极少数反对的情况下顺利通过。在明尼苏达的州长委员会中，只有一位不是精神病学家。而在威斯康星州的密尔沃基神经和精神病学会也督促密尔沃基犯罪委员会完成一项立法。而印第安纳州的司法委员会则收到美国精神病学会寄来的所有已在其他州制定颁布的性变态犯罪法的副本。[8]

而精神病学家在刑法的其他领域上的影响也在近年日益增长。

无论如何，这个例子中最重要的并非精神病学家影响力的日益增加，而是道德运动家在运动过程中的特定时刻经常需要从能以恰当形式起草恰当规则的专业人士那里获得帮助。运动家本身往往并不那么关注这些具体的细节，对他来说，问题的关键部分已经获得成功，这就已经足够了，而那些具体的操作性事务则留给其他人。

因为具体规则的起草工作是由其他人来做的，所以许多没有预期的结果也会随之出现。那些协助改革家起草立法提案的人会由于自身的利益而影响到他们所进行的立法工作。由精神病学家负责草拟的关于性变态犯罪的法律条文会包括了许多那些原本完全出于想要"针对社会的性犯罪状况做点什么"的公民从来不曾倡导的内容，或者包含一些体现精神病学行业利益的特征。

道德运动家的命运

改革运动可能会获得巨大的成功，就如禁酒运动和宪法第十八修正案的通过；它也可能以彻底失败而告终，例如试图反烟草使用运动和反活体解剖运动；还有一种可能是改革运动本身大获成功，但其成果日后在公共道德的转变和司法解释施加的限制中被削减，比如反淫秽出版物运动就是如此。

成功的改革运动引起的其中一个重要结果就是一项或者一系列的规则得以建立，通常同时伴随合适的规则执行体系。对于这一结果我会在后文中作详细的分析。但对于一项成功的改革来说，还存在另一种值得关注的结果。

当一名改革家最终成功地推进了建立新规则的事业——也可以说当他终于找到圣杯时——他也就失业了。那个曾占据他大部分时间、精力和激情的改革运动终结了。这样一个人在最初参与改革运动时，往往只是一个业余人士，只是出于个人对这一问题、对他意欲建立的规则内容的兴趣。肯尼斯·伯克（Kenneth Burke）认为一个人的职业（occupation）会超越业余活动，成为他的专注之事（preoccupation），这句话反过来亦是成立的，一个人的专注之事会最终也成为他的职业。对特定道德议题的业余兴趣，日后可能成为一份几近全职的工作，许多改革家真的就是这样。因此，某项改革运动的成功有可能使得改革家失去了职业，这样一个人眼下会无所事事，可能会拓展自己的兴趣，去发现另一些新的需要警醒的、需要解决的恶。于是，他成为了一个发现需要纠错和制定新规则的情境的专业人士。

改革运动产生了一个专职解决某类问题的大型组织，而该组织的官员比起个人运动家更有可能会寻找要争取的新事业。这种情况在健康领域时有发生——国家小儿麻痹症基金会在发现可消除流行性小儿麻痹症的疫苗之后，就丧失了其存在的意义。于是，基金会成员随后为自己选择了一个涵盖面更广的名字"国家基金会"，很快就找到了可以去投入精力、资源的其他健康问题。

那些不成功的改革运动——不论是改革使命不再能保持支持者的热情，还是达到目标后又逐渐丧失成效的，都遵循了以下两种道路中的一种。第一条道路是运动放弃了最初的目标，而只关注如何保留在改革过程中建立的组织。这就是汤森运动（Townsend Movement）的命运，有一项研究证明了这一点。[1] 而第二条道路是，失败的运动如禁酒运动那样严格遵循一项人们热情日益消减的宗旨。古斯菲尔德将现在的基督教妇女禁酒联合会成员称为"动摇的道德家"（moralizers-in-retreat）9。当美国主流舆论中反禁酒的呼声越来越高，这些妇女在禁酒问题上的态度并未松动。相反，她们开始指责那些原本"值得尊敬的"支持禁酒运动的人。联合会成员的社会阶层已经由中上阶层转变为中下阶层，且现在转而批判曾支持禁酒的中产阶层，认为这一群体开始接受适度饮酒。以下这段引文出自古斯菲尔德对联合会领导人的访谈，体现了前文提到的"动摇的道德家"的含义：

148

> 在组织最初成立时，有许多位本市最有影响力的女性加入了我们。但她们现在已经觉得，我们这些连喝一杯鸡尾酒都要

---

[1]　汤森运动又名汤森计划，是美国经济大萧条时期的一项养老金计划，提议每月为每名 60 岁以上的长者支付 200 美元。汤森是一名医生，同时也是业余经济学家，他倡议建立养老金制度，认为向全国老年人提供养老金的社会保障制度应当受到优先考虑。——译者注

拒绝的女人太奇怪了。现在有一位殡仪员的太太和一位牧师的太太还在支持我们，但是律师和医生的太太们都避免和我们接触。她们不愿被认为是怪人。

我们惧怕禁酒。饮酒无处不在，甚至出现在我们的教堂生活和校园生活。

它悄悄蔓延到正式的教堂生活中。人们把酒放在冰柜里保存……这里的牧师认为教堂的举动有些过火，他们为禁酒实在是做得过多了。但他又担心自己会冒犯了一些有头有脸的人。[10]

这样一来，只有一部分运动家成功达到了预期目标，不仅制定了新的规则，也创造出了一个新的局外人群体。这些成功的运动家中，有些人发现自己对类似改革运动的热衷，之后还会对其他社会问题进行改革。另一些运动家失败了，于是日后选择支持已建立起来的组织，放弃其独特的使命，并将精力投入到组织的维持和运转上，或者干脆固执地坚持随时间推移越发显得不合时宜的信条，从而使自己沦落为局外人。

149

规则执行者

一项成功的运动最为突出的成果就是一系列新规则的制定，而同时我们也常常发现，新的规则也缔造了一批新的执行机构和专员。尽管有时既有机构可以行使执行新规则的职能，但多数情况下新规则会导致新执行者的诞生。《哈里森法》通过预示了联邦麻醉品管理局的成立，同样，宪法第十八修订案的通过促使了禁酒法的执行机构的建立。

随着规则执行组织的建立，改革运动逐渐制度化起来。当初以说服全社会认同制定新规则的必要性的运动，最终成为了一个负责执行规则的机构。就如激进的政治运动转变为有组织的政党，激情充沛的福音教派逐渐转变为古板的宗派，道德运动是以一种执行力量的出现而告终。因此，如果想要理解区分出新局外人群体的规则是如何被运用于特定人群的，我们就必须首先理解这些警察或规则执行者的动机和利益。

尽管有一些警察确实以消除罪恶为己任，但是有更多数的警察可能对自己的工作还抱有某种超脱而客观的想法。他们并未关心特定规则的内容，而是关心自己执行规则的工作性质。一旦规则发生改变，他会惩罚那些曾经可以接受的行为，同时不再惩罚那些在修改后的规则下变得合法的行为。这样说来，执行者并不在乎规则的内容究竟是怎样的，他只关心的是：规则的存在不仅为他提供了一份工作，一个职业，还有自己的**存在理由**。

由于一些规则的执行给执行者的生活方式提供了理由，执行者还有两种利益制约着他的执行活动：第一，他必须证明自己位置的存在是正当合理的；第二，他必须获得执行对象的尊敬。

以上提到的利益并不只发生在规则执行者身上，从事任何职业的人都感到有必要去证明自己工作的合理性，并赢得他人的敬意。我们之前谈到的音乐人群体也有类似的需求，但他们无奈发觉很难让听众对自己的价值印象深刻。看门人很难赢得房客的尊重，但是发展出了一套近乎职业责任的观点，也就是对自己在工作过程中了解到的房客的私人信息进行保密。[11] 而更易赢得客户尊敬的职业，如医生、律师和其他一些专业人士，就会发展出一套更为完备的机制来与客户维持尊敬的关系。

规则执行者在证明自身所处位置的合理性时，会面临两方面的

150

问题。一方面，他必须向其他人说明问题仍然存在：因为违规行为还会出现，所以他负责执行的规则仍然具有价值；另一方面，他也必须让人了解自己的规则执行工作颇为有效，所需解决的恶实际上得到了良好的处理。因此，执行机构，尤其是寻求资金的执行机构，往往会在两种主张之间摇摆。他们要声明由于他们的努力，问题已经几乎被解决；但同时，他们又必须表示问题可能比先前要更加严重（尽管这并不是他们的错），并需要加强管理来控制它们。执法人员会比任何人都坚定地认为他们要处理的问题仍然存在，并在事实上比过去要严重得多。这样的说辞为执法人员所处位置的继续存在提供了很好的理由。

151　　我们还会注意到，执法人员和机构都倾向于对人性持悲观态度。即使他们并不真正相信原罪，他们至少也愿意认为人很难遵守规则，认为人性中的特质会将人们引向罪恶。他们对于试图改造那些违规者的尝试持怀疑态度。

　　当然，规则执行者的怀疑和悲观也被他的日常经验不断加深。他在工作中亲眼看见问题仍然存在的证据，他会发现有些人一错再错，并因此把他们贴上局外人的标签。但我们延伸一下想象就会发现，执行者对人性和改革可能性的怀疑和悲观情绪的其中一个根本原因是，如果人性是可以完善的，且人永远都是可以改良的，那么他的职业也就走到了尽头。

　　同样，规则执行者通常认为受到执行对象的尊敬是有必要的。因为如果这些人不把他放在眼里，他就很难去做工作；而他也会丧失工作中的安全感。所以规则执行活动中的一大部分并不旨在实际执行规则，而是旨在强制执行对象来尊重他。也就是说，一个被贴上越轨标签的人可能并非真的违反了规则，而有可能只是对规则执行者表现出了不敬。

韦斯特利（Westley）对一个小型工业城市的警察研究就是一个颇为合适的例子。他在访谈中问警察："你认为警察在什么样的情况下动粗是合理的？"他发现，"至少有37%的警察认为用暴力来迫使他人尊敬自己是合法的"。[12] 他访谈中的一些引文很有启发性：

> 嗯，是有一些情况。比如说，你在街上喊住一个家伙作例 152
> 行检查，然后这个自以为是的家伙开始顶撞你，还说你没什么
> 了不起之类的话。你知道你能以妨碍治安为理由抓他，但是可
> 能无法检控他。在这种情况下，你就要试图激怒他，直到他开
> 始侮辱你，然后你就可以十分堂而皇之地给他一个耳光，如果
> 他还反击，你就可以指控他拒捕。

> 一个囚犯如果把你踩在脚下，看不起你，那么他被打也是
> 应该的。

> 如果一个人对你说的话变得非常恶劣，或者在其他人面前
> 嘲弄你，你就必须动粗。我觉得大多数警察都是想和善待人
> 的，但是事实上你常常需要说很粗暴的话。那是让他服你，让
> 他知道要在你面前放尊重一点的唯一办法。[13]

韦斯特利所描述的是使用非法手段来强迫他人尊重的情况。很显然，作为一名规则执行者，他是否选择执行规则取决于违规者在他面前的态度如何。如果违规者态度恭敬，那么执行者很可能选择小事化了；但如果违规者态度无礼，那执行者就会给予他惩罚。韦斯特利认为，规则执行者的这种差异在交通违规事件中最常发生，因为此时警察具有最大的自由裁量权。[14] 但这种情况在其他领域也

可能同样存在。

通常，规则执行者在许多情况下都享有很大的自由裁量权，因为相对于所需处理的违规问题数量，他的资源和精力都很有限，不足以一次解决所有的问题，也就是说，他在某些时候只能对那些罪恶应付了事。他自己做不到在工作上面面俱到，并也十分清楚这一点。他在工作中也就不慌不忙，因为他假设自己需要解决的问题会存在很长一段时间。他将所有问题分为三六九等，并依次处理它们，首先解决急需处理的，然后再对付余下的那些。简言之，他对工作的态度已十分老练专业，他也并不像规则制定者那样带有天真的道德狂热。

假如执行者不能一次解决他知道的所有案件，他就必须有一个决策标准，以此来决定何时执行规则，以及将具有何种行动的哪些人群贴上越轨标签。其中一个选择标准便是"修补"（fix）。有一些人自身拥有足够强大的政治影响力或技巧，知道如何通过收买贿赂来规避执法和处罚。这即便没有发生在逮捕阶段，也可以发生在流程中的后期。这种功能常常是专业化的，有人专职为任何需要雇用他的人进行"修补"。一个职业窃贼这样描述专职"修补"工作的修补匠（fixer）：

> 所有大城市里都有一个专职给职业窃贼作"修补"的人。他没有什么固定的机构，也不主动拉客，一般都只接这些职业窃贼的案子，而所有职业窃贼有这方面的需要也只会去找他，不会找其他什么人。这种专为职业盗窃犯而设的独家垄断"修补"系统，事实上在几乎所有大城市和一些小城市都有。[15]

因为基本只有职业窃贼才知道修补匠的存在和作用，这种规则执行对象的选择标准也就会使得业余小偷比职业窃贼更容易被抓，被定罪，并被贴上越轨的标签。正如一名职业窃贼所说：

> 作了修补的时候，你是可以从法庭审理的情况中看出来的。比如说，警察不确定是否抓对了人，或者警察的证词和原告的证词不一致，或者检察官对被告并不那么严格，或者法官固执己见，你就基本可以确定有人摆平了这案子。这种情况在盗窃案中不常发生，因为每有二十五到三十个对修补一无所知的业余小偷案件，才会有一个职业小偷的案件。这些业余小偷每次总是落个糟糕的下场——警察愤怒指控，法官严辞审判，没人在乎他的证词，然后所有参与审判的人都会因为遏制犯罪而受到称赞。而当职业窃贼听说这样的案件，他会想："应该判他九十年。就是这些业余的家伙让所有商店都加强了戒备。"或是另一种想法："那警察真无耻至极，因为一双袜子就把那孩子带走，然后转身收我点小钱就会对我偷一件皮衣视而不见。"但如果警察不逮捕那些业余的小偷来保持一定的工作成效，他们也就不可能宽松地对待这些职业窃贼。[16]

　　154

正因为规则执行者与特定规则内容并无利害关系，他们才常常会发展出自己的标准来对各项规则的重要性以及违规行为进行判断。这种先后顺序与普罗大众可能有较大的差异。例如，吸毒者通常会认为（我本人也从一些警察那里得到了证实）在警察眼里，相比于鸦片类药品的吸食，吸大麻并不是一个多么严重和危险的行为。警方得出这一结论的依据是，根据他们的经验，鸦片吸食者会为了获得毒品而犯下其他罪行，而大麻吸食者却不会。

于是，规则执行者在面对自身工作情境中的各种压力时，会以　　155

一种选择性的方式来执行规则和界定局外人。一个犯下越轨行动的人最终是否被贴上越轨标签，取决于许多与其实际行为无关的因素：执法人员是否觉得需要通过工作表现来证明职位的合理性，违规者是否在面对执行者时足够恭敬，在事件中是否有"修补"，还有违规行为是否属于执法者认为较为严重的级别。

职业执行者缺乏热情的态度和行事方式常常会引发他与规则制定者的矛盾。在前文中我们已经说过，规则制定者关注的是他感兴趣的规则的内容，他将这些规则视为制恶的途径。因此，他们很难理解执行者对相同问题采取的长远路径，也不懂为什么不能一次性彻底根除所有明显的恶。

当注重规则内容的人发觉或注意到这件事实，即自己关注的恶是被执行者选择性地处理时，他就会义愤填膺。而职业的执行者会被谴责轻视罪恶或玩忽职守。至于道德事业家，他们会在其制定的规则下再次站出来说，上一次改革运动的结果并不尽如人意，或者曾经赢得的成果又被削弱和失去了。

越轨和事业心：小结

越轨——根据我的用法，它指被公开贴上标签的错误行为——总是事业心引致的结果。在任何一种行动被视为越轨，或犯下某种行为的某类人被贴上局外人标签并被如此对待之前，必须有人制定出相应的规则，将该行动界定为越轨。规则并不是自动产生的。尽管某种做法在客观上会对它所发生于的群体造成危害，但必须有人去发现和指出这一现象的存在，必须让公众感觉到要采取行动。必须要有人将公众的注意力吸引到这些事件上，提供必要的推动力，

156

150

让问题得到解决，并将这些被唤醒的能量引向正确的方向，最终制定出规则。从最广义的层面上说，越轨就是这种事业心的产物；因为没有制定规则所需的事业心，也就不会有由违反规则组成的越轨行为。

从更为狭义和具体的意义上来说，越轨也是这种事业心的产物。一旦有一条规则出现，它必须运用于特定的人群，之后才能填满它划分出的抽象的局外人群体。违规者必须被发现、辨认、逮捕和定罪（或因其不符合规定而被标识为"与众不同"和污名化，如舞曲音乐人等合法的越轨群体）。这类工作通常是由大量职业执行者来完成，他们会执行现行规则，创造出被社会视为局外人的特定越轨者。

很有意思的是，大多数关于越轨的科学研究和推测都更关注那些违反规则的人，而非那些制定和执行规则的人。如果我们要更全面地理解越轨行为，我们也就必须将两方面都同时考虑在内。我们必须将越轨以及将抽象概念人格化的局外人视为两类人间互动的结果，其中一类人出于自身的利益来制定和执行规则，另一类人出于个人利益而进行了被贴上越轨标签的行动。

注释

1. Joseph. R. Gusfield, "Social Structure and Moral Reform: A Study of the Woman's Christian Temperance Union," *American Journal of Sociology*, LXI (November 1955), 223.

2. *Ibid.*

3. 见 Raymond G. McCarthy, editor, *Drinking and Intoxication* (New Haven and New York: Yale Center of Alcohol Studies and The Free Press of Glencoe, 1959), pp.395—396。

4. 这体现于这本书中：Oscar Lewis, *Sagebrush Casinos: The Story of Legal Gambling in Nevada*（New York：Doubleday and Co., 1953），pp.233—234。

5. Edwin H. Sutherland, "The Diffusion of Sexual Psychopath Laws," *American Journal of Sociology*, LVI（September, 1950），pp.142—148.

6. *Ibid.*, p.142.

7. *Ibid.*, pp.143—145.

8. *Ibid.*, pp.145—146.

9. Joseph. R. Gusfield, "Social Structure and Moral Reform: A Study of the Woman's Christian Temperance Union," *American Journal of Sociology*, LXI（November 1955），pp.227—228.

10. *Ibid.*, pp.227, 229—230.

11. 见 Ray Gold, "Janitors Versus Tenants: A Status-Income Dilemma," *American Journal of Sociology*, LVII（March, 1952），pp.486—493。

12. William A. Westley, "Violence and the Police," *American Journal of Sociology*, LIX（July, 1953），p.39.

13. *Ibid.*

14. 见 William A. Westley, "The Police: A Sociological Study of Law, Custom, and Morality"（unpublished Ph.D. dissertation, University of Chicago, Department of Sociology, 1951）。

15. Edwin H. Sutherland（editor）, *The Professional Thief*（Chicago：University of Chicago Press, 1937），pp.87—88.

16. *Ibid.*, pp.91—92.

第九章　越轨研究：问题与同情

对于越轨行为的科学研究中存在的最持久的问题，就是缺乏足够坚实的数据、事实和信息来作为我们理论的依据。我认为，如果一个理论无法与关于其要解释的对象的大量事实紧密联系在一起，那么它很难会有什么用处。然而，回顾现有的关于越轨行为的科学研究文献，就会发现理论所占的比例要远高于事实。近期，有人对青少年犯罪研究提出批评，认为提供了最丰富事实资料的少年帮派研究仍是弗雷德里克·思拉舍（Frederick Thrasher）在 1927 年出版的著作《黑帮》（*The Gang*）。[1]

但这并不意味着学界就没有关于越轨行为的研究。这类研究是存在的，但只有少数优秀研究，总体来说，现有越轨研究在我们要做的理论化工作上还有两方面不足。一方面，能够提供越轨者生活事实的研究根本就不够。尽管有关青少年犯罪的研究很多，但他们大多数都以法庭记录为基础，而非研究者的直接观察。有许多研究认为青少年犯罪行为的发生与生活环境、家庭背景以及个人性格等 因素有相关关系，但很少有研究能够具体说明一名青少年罪犯在日常生活里做些什么，以及他如何看待自己、社会和自己的行为。因此，在对青少年犯罪进行理论时化时，我们也就不得不依靠那些支离破碎的研究及新闻报道来推测少年犯的生活状况[2]，而非在掌握了有关研究现象的丰富知识之后才来构建理论。这样的研究方式就像人类学家一样，从个别传教士片面零乱的描述中构建一项关于某个偏远非洲部落的宗教仪式的描述（但比起人类学家，我们更没有什么理由去借助零散的非专业资料，毕竟他们的研究对象在千里之外且难以进入的丛林，而我们的研究对象就近在咫尺）。

从另一种更为简单的意义上说，以现有的越轨研究来构建相关理论是远远不够的。它们的数量还不够多。有许多类型的越轨行为还从未被科学地介绍过，或者研究的数量太少，仅仅是个开始。就如在同性恋者生活方式的种类这一问题上，已有多少种社会学研究？据我所知寥寥无几[3]，并且这些为数不多的研究也只是指出许多文化和社会类型有待进一步介绍。还有一个更为极端的例子，社会学理论家们有一个最重要但几乎不曾涉足研究的越轨类型，那就是职业不端。例如说，众所周知，法律和医疗行业协会的伦理委员会有大量事务要处理，但是在关于职业行为和文化的大量社会学研究中，却很少见到针对专业人士不道德行为的研究，甚至没有。

这种资料的缺乏会对越轨研究造成哪些影响呢？首先，正如前文指出的，这会使由此构建的理论出错或不充分。就如必须要先对动物有精确的解剖学描述后才能对其生理和生化机能方面进行理论构建和实验一样，我们必须先有社会解剖学的精确具体的描述，才能了解有哪些现象需要理论构建。回到先前提到的同性恋的例子，如果我们认为所有的同性恋者都或多或少是同性恋亚文化的成员，那么由此构建的理论是很局限的。最近一项研究表明，在参与同性恋关系的人中有一个很重要的群体，这一群体的成员丝毫没有被证实是同性恋者。赖斯（Reiss）表明，许多少年犯参与同性恋卖淫，是因为这是一种相对安全的挣钱方式，而他们并不认同自己是同性恋。随着年龄的增长，一旦找到了更有挑战性，利润更大的犯罪手段，他们会立刻放弃这种同性恋卖淫的活动。[4] 还有多少其他种类的同性恋行为有待学者去发现和描述呢？这些新的发现和描述又将如何影响我们的理论呢？

因此可以说，我们对越轨行为的研究还不够。我们并没有研究足够多类型的越轨行为，但更重要的是，我们缺乏研究者与研究对象之间建立紧密联系的研究——只有通过这样，研究者才可能对越轨活动的复杂性及多面性有深入的认识。

造成这种不足的其中一些原因是技术性的。研究越轨者并不是那么容易，因为他们被社会其他成员视为局外人，而他们自己也往往将社会其他成员视为局外人。所以，发现越轨现象的研究者，在被允许看到他需要看到的东西之前，首先必须逾越一道障碍。而一旦暴露就会受到惩罚的越轨活动，往往都具有隐秘性，尤其不会对局外人展现和吹嘘。所以，从事越轨研究的学者必须让他的研究对象确信他不会造成任何伤害，不会让他们因透露什么内容而受罚。从这点上说，研究者必须长期而深入地参与他想要研究的越轨者的活动，以此对他们有足够的了解，并判断自己的研究活动是否会对他们引起不良后果。

越轨行动者会用多种方法来保护自己不被局外人窥探。在有组织的常规社会制度中发生的越轨行为通常会受到某种掩盖保护，因此，专业人士通常不会在公开场合谈论工作中的不道德行为，职业协会常常会私下解决此类问题，用他们自己的非公开方式对犯错误的成员进行惩罚。因此，当执法部门注意到有医生使用麻醉品成瘾时，会给他们相对较轻的惩罚。[5] 当一个医生从医院偷窃麻醉品的行

160

为败露之后，他通常只会被医院开除，而不会被移交警方。在工厂、教育机构或其他大型组织里做研究，通常都需要获得其管理者的许可，但管理者也会在允许的情况下限制研究者调查的范围，以隐藏一部分他们希望掩盖的越轨现象。梅尔维尔·道尔顿在讲述他自己研究工业组织的路径时说：

161

> 我在对任何公司进行研究时，从来没能以一种正当的途径获得公司高层领导人的许可或支持。我曾接触过其他一些研究者，他们就这样直接向领导提出请求，并眼睁睁看着高层领导设置研究场景，限制具体调查范围，仿佛问题存在于真空之中。一些案例的研究结果被认为是"受控实验"（controlled experiment）并最终被广泛阅读，但个人在看守下对研究者面带微笑的操纵，公司对研究者及其结果的审查，那些在研究的细节问题上作出的修改，被篡改且恐惧的员工往往把调查引向的琐碎的领域，都让我们不禁产生这样的疑问：究竟是谁在控制这些实验。[6]

而一些越轨群体的成员可能无法从行业或机构组织里获得隐秘的支持，就需要用其他方式来向外界遮掩自己的行为。同性恋者、吸毒者和罪犯的活动是在没有由机构上锁或守卫的门里面进行的，因此他们就必须自己想办法来解决保密问题。通常，他们要隐藏自身的越轨行为是很不容易的事，而这些活动若要在公共场所进行，就只可能在相对受控的空间中。比如，小偷很可能会聚集在一家酒馆。不过，尽管想要研究小偷的研究者会在城市里的很多地方找到他们，但只要他走进这家酒馆，就会发现这些小偷立刻三缄其口，拒绝与他产生任何关系，或者干脆对他感兴趣的问题不作任何回应。

这一类保密性也带来了两类研究问题。其中一类问题是研究者如何找到自己感兴趣的人。怎样才能找到一个瘾君子医生？怎样才能找到各种类型的同性恋者？如果我想要研究外科医生和全科医生之间的费用分配，我怎样才能找到和接触这种安排的参与者？一旦找到了，我还要面临让他们觉得与我讨论自身越轨非常安全的难题。

越轨研究者还要面对其他的问题。要想准确而全面地了解越轨者在做些什么，他们的组织结构如何等等，研究者就要花些时间去他们的**自然栖息地**，观察他们的日常活动。但这也就意味着研究者必须在对自己而言非正常的作息时间里进入一个未知甚至危险的社会领域。他很可能会发现自己因为要和研究对象一样昼夜颠倒，而这对他的家庭和工作也是个巨大的挑战。此外，要取得研究对象的信任也并不那么容易，研究者很可能要花上好几个月的时间来进行尝试，且结果也可能不那么尽如人意。这意味着此类研究比那些体面的研究机构中的同类需要更多时间。

以上这些技术性问题终究是可以找到办法解决的，但是越轨研究者所需面对的另一个更为显著的困难是道德问题。

这是一个普遍问题的一部分，即研究者应该对研究对象采取怎样的态度，他应该如何评价那些被常规社会视为恶的事物，他又该怎样处理自己的同情。当然，这些问题出现在对任何社会现象的研究中，但是当我们的研究越轨时，它们就格外凸显出来，因为这些现象或人都受到了来自常规的批判。[7]

在描述社会组织和社会过程时——尤其是涉及越轨行为的组织和过程时，我们应该选择怎样的立场？因为任何社会组织和社会过程中通常都包含着种类众多的参与者，我们必须选择其中某个群体的立场，或是选择置身事外的观察者的立场。赫伯特·布鲁默（Herbert Blumer）指出，人们通过对身处的情境作出阐释而行动，并会调整自己的行为来应对这一情境。因此他认为，我们必须站在做出我们感兴趣的行为的个人或群体（即"行动单位"）的立场：

164

  ……我们要抓住阐释的过程，并通过它来构建他们的行动……要做到这一点，研究者就必须进入他所研究的行动单位的角色。因为阐释是由行动单位对于其所经历和评判的事物，获得的意义以及作出的决定而得到的，所以这一过程必须从行动单位的角度出发来看待……如果总是作为一个试图保持冷漠的所谓的"客观"的观察者，拒绝从行动单位的立场来抓住阐释过程，那就很容易坠入主观主义的深渊——客观的观察者用自己的推测来填充阐释过程，而不是以其行动单位的经历来抓住这一过程。[8]

如果我们要研究越轨的过程，那么我们必须从其中至少一个群体的角度出发，要么选择被视为越轨者的群体，要么选择那些给他人贴上越轨标签的群体。

我们当然可以从两个角度来看待这个问题，但这不可能同时进行。也就是说，我们不可能将越轨过程的参与双方的观点及阐释融入同一个情境或过程描述中去。我们无法描述一个使两套观点都有意义的"更高程度的现实"。我们可以描述其中一个群体的观点，并了解它们是如何与另一群体的观点达成一致或是产生冲突的：规则违反者的观点与规则执行者的立场相遇、冲突，反之亦然。但是，如果我们对两个群体的视角差异没有深入全面的认识，我们也就很难理解这一情境或过程。

165 越轨现象的性质决定了任何研究者很难同时研究越轨过程的两面，也很难同时准确掌握两类参与者——规则违反者和规则执行者的视角。这样的情况并非完全不可能，只是如果要实际考虑在一段合理时间内进入研究情境并获得有关人员的信任，一个研究者或许只能选择其中一方来开展研究工作。但是不管我们最终选择了哪一方参与者来研究，采取了哪一方的立场，都难以避免被谴责带有"偏向"，因为人们会说我们没有公正对待它的对立面的观点。在陈述一个群体行为的合理性和合法性时，我们似乎就会接受这些合理性和合法性，并以反对者的口吻来批判过程中的其他各方。如果我们研究的是吸毒者，他们一定会这么告诉我们并最终使我们在研究报告中写道：他们觉得那些评判他们的局外人是错的，并且有着不良动机。假如我们在吸毒者的经历中指出了他认为可以证实自己信念的哪些方面，我们很容易会被认为在为吸毒者表达歉意。但另一方面，如果我们是从执法人员的角度出发，他们会告诉我们并让我们如是写道：吸毒属于犯罪行为，它使人性格混乱，丧失道德和不可信任。然后我们会接着在执行者的经历中指出能够证明这一点的哪些方面。这样一来，我们就似乎站在了规则执行者这一边。但是不管是前者还是后者，我们所呈现的都会被指责为扭曲的一面之词。

　　但事实并不尽然。我们所呈现的并不是对"现实"的扭曲看法，而是我们的研究对象所参与的现实，是他们根据对自身经历的阐释所建立并据此行动的现实。如果不去呈现这样的现实，我们将无法全面地对想要解释的现象进行社会学的理解。

　　那么，我们应该呈现哪一方的观点？这里有两方面的考虑，一方是策略，另一方是其他情绪或道德。其中策略性的考虑是，常规社会对越轨的观点往往已是众所周知，所以我们应当研究那些参与越轨活动的人的观点，以此来弥补最模糊的那部分内容。然而，这个答案过于简单了。其实我所怀疑的是，我们对越轨现象中任何一方的了解都还不足够。虽然我们确实不了解越轨者是如何看待自己

166

159

的境遇的，但我们也确实没有意识到这还涉及其他观点，毕竟我们没有充分研究过。我们并不知道规则执行者所有的利益是什么，也不了解常规社会的普通成员在何种情况下和多大程度上真正认同越轨群体的观点。戴维·马茨阿在最近的研究中提出，青少年越轨的几个典型形式——犯罪、激进政治和玩世不恭的波希米亚式作风，事实上是常规的社会成员所具有的不那么极端的观点的地下延伸。因此，青少年犯罪是青少年文化的缩影，激进政治则是包含在美国人的"改良"（doing good）嗜好中的模糊的自由主义的极端情况，而玩世不恭可能是轻浮的大学兄弟会生活和严肃的大学知识生活的极端版本。[9]这样一来，策略性的考虑最终没能给我们应该描述哪方观点提供一个答案。

然而，情绪和道德方面的考虑也无法提供一个满意的答案。但我们还能意识到其中的一些危险性。其最主要的危险是越轨与青少年的叛逆有紧密关联这一事实。人们并没有轻视这个问题。一方面，人们认为越轨是错的和需要消除的，但是另一方面，反过来说，他们又认为对于现代社会造成的人的顺从来说，越轨还是一种值得鼓励的纠正。关于越轨的社会学戏剧中的角色，要远比其他社会学过程的角色更加能印证一条法则：不是英雄，就是恶棍。我们要么揭露越轨者的堕落，要么揭露规则执行者的丑陋。

以上这两种立场都必须加以防范。这与淫秽词语的使用十分类似。一些人认为不该使用淫秽词语，而另一些人就是喜欢把它们写在人行道上。不管是前一类人还是后一类人，都认为淫秽词语很特别，具有特殊的灵力。但可以肯定的是，最好还是只把它们当作普通的词语，当作让一部分人难受而让另一部分人开心的词语。越轨行为也是一样。我们不该认为它是某种特殊的东西，不该觉得它很恶劣并以某种奇特的方式会优于其他的行为类型，而应该仅把它当作一种有人不赞同而有人认同的行为，并研究两种视角的建立和维持过程。或许避免走向两种极端的最佳方法就是与我们的研究对象保持紧密的联系。

注释

1. David J. Bordua，"Delinquent Subcultures：Sociological Interpretations of Gang Delinquency，" *The Annuals of the American Academy of Political and Social Science*，338（November 1961），pp.119—136.

2. 近期较有影响力的两本关于青少年犯罪的著作就基于此类零散的数据资料。见 Albert K. Cohen，*Delinquent Boys：The Culture of the Gangs*（New York：The Free Press of Glencoe，1955）；以及 Richard A. Cloward and Lloyd E. Ohlin，*Delinquency and Opportunity：A Theory of Delinquent Gangs*（New York：The Free Press of Glencoe，1960）。

3. Evelyn Hooker，"A Preliminary Analysis of Group Behavior of Homosexuals，" *The Journal of Psychology*，42（1956），pp.217—225；Maurice Leanoff and William A. Westley，"The Homosexual Community，" *Social Problems*，4（April 1956），pp.257—263；H. Laurence Ross，"The 'Hustler' in Chicago，" *The Journal of Student Research*，1（September 1959）；Albert J. Reiss，Jr.，"The Social Integration of Peers and Queers，" *Social Problems*，9（Fall 1961），pp.102—120.

4. Albert J. Reiss，Jr.，"The Social Integration of Peers and Queers，" *Social Problems*，9（Fall 1961），pp.102—120.

5. Charles Winick，"Physician Narcotic Addicts，" *Social Problems*，9（Fall 1961），p.177.

6. Melville Dalton，*Men Who Manage：Fusions of Feeling and Theory in Administration*（New York：John Wiley and Sons，Inc.，1959），p.275.

7. 在一次私人通信中，内德·波尔斯基（Ned Polsky）提出其中一个道德问题围绕着的是科学家对非法活动的参与。尽管我尚未涉及这一点，但我完全赞同他在这一问题上的观点，经他本人同意后，我在此引用以下论述：

"如果一名研究者想要有效地研究违规者在一种自然场景中，即在监狱以外的越轨，那他就必须在道德上作出选择，因为在某些方面他自己也会违反规则。他不需要成为'参与式观察者'，也不一定必须亲历所研究的越轨行为，但是他必须目睹这些行为，并对此知情而不告发它们。也就是说，在必要的时候，研究者必须'妨碍司法'，或成为事前或事后的'从犯'。只有在道德上作出这样的抉择，以此获得越轨者的信任，同时让他们确信他有能力依照他的抉择行事，他才可能观察犯罪越轨行为的重要内容以及违规亚文化的结构。上述最后一点在少年犯那里可以被忽略，因为这些年轻人知道专业研究者总是可以免受向警方提供信息的压力；但成年罪犯并不这么确信，因而他们不仅要考虑到研究者的意图，也怀疑他在警察的审问下是否还能'昂首挺胸'。"

"社会科学家很少能做到这些。这就导致美国警方知道的每一百名主要罪犯中只有六名被判监禁，而我们所谓的犯罪社会学知识大部分是基于对入狱者的研究。社会学家无法或者不愿意被罪犯在某种程度上允许自己观察他们平日工作和玩耍，也不愿意被罪犯如此定义自己，于是他们常常就从已被监禁或已被法律捆住手脚的越轨者身上收集数据，而这造成了一个误差颇大的样本——过分强调了在人造场景下被看到的愚笨的业余新手，而并没有在自然场景下正常运作时被研究。鉴于这些原因，和新闻记者相比，社会学家对真正的当代越轨亚文化，尤其是由成年职业罪犯构成的亚文化了解得更少。"

8. Herbert Blumer, "Society as Symbolic Interaction," in Arnold Rose, editor, *Human Behavior and Social Processes*：*An Interactionist Approach* (Boston：Houghton Mifflin Company, 1962), p.188.

9. David Matza, "Subterranean Traditions of Youth,"*The Annals of the American Academy of Political and Social Science*, 338 (November 1961), pp.116—118.

第十章　标签理论再思考

　　越轨现象是社会学思想长期关注的问题之一。我们对社会秩序之性质的理论兴趣与对被认为危害个体及社会的行为的实际兴趣结合起来，将我们的注意力引向了那些被称为犯罪、恶行、非顺从、偏离、怪行或是疯癫的行为。不论我们是将此类行为看作是社会化和社会约束的失败，还是仅仅视为错误和不端，我们想要知道的都是人们为什么以不被认可的方式行事。

　　近年来，越轨现象研究的自然主义路径（Matza，1969）已经开始关注被指控做出错误行径者和指控者之间的互动。弗兰克·坦嫩鲍姆（Tannenbaum，1938）、埃德温·莱默特（Lemert，1951）、约翰·基特苏斯（Kitsuse，1962）、卡伊·埃里克森（Erikson，1962）及我本人（Becker，1963）都为被后来不幸称为"标签理论"的东西作出了贡献，这里仅举了几个人名。从这一理论被提出起，就一直有许多人对最初的观点进行批评、延伸和辩论，还有一些学者贡献了重要的研究成果。

　　这里，我想对这些理论发展作一个回顾，看看我们所站的地方

（参见 Schur，1969）。这一理论取得了哪些成就？受到了哪些批判？我们必须对我们的概念作出怎样的修改？这里有三个最值得讨论的话题，它们分别是：作为集体行动的越轨概念，越轨的去神秘化过程，以及越轨理论的道德困境。在每一个话题下，我都打算将我提出的观点普遍适用于社会学研究和分析，反复重申越轨这一研究领域与其他领域相比并无特别，只不过是有待我们研究和理解的另一种人类活动类型。

　　我将首先简要地处理一些看似很难处理的问题，以此说明我对"标签理论"这一表达并不赞同。我从不认为我和其他学者提出的最初说法可以被称为理论，至少不是现在被人们批评的那种明晰的理论。有许多学者撰文指出，标签理论既没能解释越轨行为的病因（Gibbs，1966；Bordua，1967；Akers，1968），也没有说明越轨者是如何发生越轨的——特别是为什么只有他们会越轨，而周围环境中的其他人则没有。有时候，批评者们会说某一理论被提出，但它是错误的。于是，有一些人认为这一理论试图从他人对越轨的反应来解释越轨。也就是说，当一个人被贴上越轨者的标签之后，他才开始产生越轨行为，而在此之前并没有。但是只要联想一下日常生活中的事实，你就可以很容易地推翻这种理论。

　　其实，最初持这种观点的研究者并没有对越轨的病因学问题提出解释。他们的研究没有过多的野心，只是想要把越轨研究作一些扩展，将被指控为越轨的行动者之外的人的活动纳入其中。当然，他们认为，这么做就好比在计算过程中加入了新的变量来源，这让越轨研究者们通常考虑的问题都会呈现出不同的面貌。

　　而且，尽管由道德事业家所执行的贴标签行为颇为重要，但这不可能被视为对所谓越轨者的实际行为的唯一解释。如果说持枪抢劫犯是因为被人贴上抢劫犯的标签才去抢劫，或者说同性恋者所

做的一切都源于他被人称为同性恋，那这就太愚蠢了。然而，这一 171
理论路径的主要贡献之一，是关注到贴标签会使行动者陷入更难回
到日常生活的常规轨道上来的境遇中，并使他产生"反常"的行动
（正如入狱记录会使罪犯在刑满释放后很难找到常规工作，这使他
只能转而投身非法行当）。不过，贴标签能产生多大的效果是一个
需要通过具体案例的研究来解决的经验性问题，而不是一个理论问
题（见 Becker，1963，pp.34—35；Lemert，1951，pp.71—76；Ray，
1961；and Lemert，1972）。

最后，这一理论在关注那些界定越轨的正式负责者的不可否认
的行动时，并没有对特定社会制度所引起的结果作经验描述。将某
人定义为越轨可能会在某些情况下引起他的某种行为，但是这并不
等同于说精神病院常常将正常人逼疯，或是监狱会使人变成惯犯。

标签的理论意义完全是在另一个层面。各种类型的行动，以
及一些具体的例子，都有可能被它们的不同观察者认为是越轨或非
越轨。人们对越轨以及贴到行动上的标签的定义差异，会影响到每
个人的后续行为，不论是行动者还是观者。正如阿尔伯特·科恩
（Cohen，1965；1966；1968）所述，这一理论将两个二分变量——有
无特定行动和是否界定为越轨组合起来，建立了一个由四格组成属
性空间。这一理论并不是关于四格中某一格的理论，而是关于所有
四格以及它们间相互关系的理论。我们把越轨放在四格中的哪一格
并不重要（尽管这只是一个定义问题，它和所有这些问题一样微不
足道），重要的是需要清楚只看一格而忽视它与其他格子的关系会失
去很多信息。

我最初的理论阐述将其中一个变量称为"遵循规则"的行为
（作为"违反规则"的行为的对立面），这造成了一些含混。这样的 172
区分方式预设了规则违反行为的存在，当然，这只是该理论为提出

问题而提出的。我认为将这一维度描述为是否实施特定行为更为合适。当然，通常情况下我们所研究的行为是他人认为越轨的行为，这最大限度地增加了我们观察指控和界定的复杂戏剧的机会，而这正是我们研究的重心。这样一来，我们对一个人是否吸食大麻或在公共厕所参与同性恋活动感兴趣，有一部分原因是因为这些行动在被人们发现时就很容易被定义为越轨。当然，我们对这些现象有研究兴趣的原因不止这个。于是，通过研究大麻吸食行为，我们可以了解人们通过社会互动来解释自身身体经验（Becker，1953）。对公共厕所里的同性恋活动的研究，可以使我们知道人们如何通过默契沟通来协调他们的群体活动（Humphreys，1970）。我们也可以问，如果一项行动很容易被定义为越轨，那么它会对这一活动的学习和持续产生什么影响。我们需要用一个有用的词，来指称他人不需要通过科学判断就把这种活动视为越轨，我的建议是把这类行动称为"潜在越轨"（potentially deviant）。

因此，标签理论既不像某些人认为的那样具有与它的头衔相伴的所有成就和义务，也不像某些人认为的那样只关注贴标签这一行动。相反，它是一种看待人类活动一般领域的视角，其价值体现在可以使原本晦涩之物逐渐清晰起来（我说过我并不喜欢这一理论的常规标签，从现在开始，我会把它称为越轨的互动论）。

作为集体行动的越轨

社会学家们一致认为他们的研究对象是社会，但是这一共识只有在我们未进一步深入了解社会的本质时才能得以维持。我更倾向于认为我们所研究的是**集体行动**（collective action）。如米德（Mead，

173

166

1934）和布鲁默（Blumer，1966；1969）早已说明的，人们是以集体**一起**进行行动的。他们在自己行动的同时也关注他人过去、现在、未来的所作所为。一个人会努力使自身的行动路线与他人的行动相适应，而他人中的任何一个也会根据自己对他人作为的观察和期望来调整自身的行动。这类调整和适应的结果都可以被称为一种集体行动，特别需要注意的是，集体行动这一概念并不仅仅包含一个有意识的集体共识，例如罢工，也可以延伸到其他看上去是由许多人一起参与的行动，例如上课、一起吃饭或是过马路。

我并没有想要通过用"调整"（adjustment）和"适应"（fitting in）这样的术语来说明社会生活的平和稳定，或者是人们服从于社会约束的必要性。我用这些词语的意思是，人们通常会考虑到周围发生了什么事情，以及在他们决定并作出自己的行动后又会发生什么事情。"调整"可能包括如下含义：正因为警察会搜查**这里**，所以我才决定将炸弹安置在**那里**，或者是考虑到警察会搜查，所以我最后决定不安放任何炸弹，或者根本不会再有这样的想法。

我在先前讨论中也并不是说社会生活仅仅是由个体间面对面的接触所构成的。有些个体可能从不碰面，但却一样维持着长期紧密的互动：集邮者之间的互动就大多是通过信件完成的。此外，互动交流中的合作与让步，活动路线之间的调整与相互适应，在群体和组织之间也同样存在。越轨戏剧周围的政治过程往往都具有这一特性。经济组织、职业协会、工会、政治说客、道德事业家以及立法者都在互动中创造出一种社会条件，使代表国家的执法者与被指控的违法者在这种条件下发生互动。

如果我们可以将任何人类活动都看作是集体行动，那么越轨也可以被如是看待。这会引起怎样的结果呢？结果之一是一套我想称之为"互动论"的普遍观点的产生。在其最简单的形式中，互动论认为我们要把所有参与任何所谓越轨行为的人纳入研究视野。这样一来，我们会发现这些活动的发生都需要许多人和群体之间或显性或隐性的配合。当工人们要共谋限制工业生产时（Roy，1954），他们需要得到工厂检查员、维修工和工具管理员的帮助。当工人偷窃公家物品时，他需要在企业上级和下级两方面的积极配合（Dalton，1959）。仅仅是这些观察就能对从个体心理角度寻求越轨行为原因的理论提出了质疑，因为我们必须假设诸多个体的病理学形式之间的相遇，来解释所观察到的复杂的集体行动形式。因为与现实检验（reality-testing）素养不足者合作是很困难的，所以以患有心理问题的人不太适合参与到犯罪阴谋中去。

174   当我们将越轨视为集体行动，我们就会立即注意到人们在行动时也关注涉及该行动的其他人的反应。他们会考虑到周围人对行动的评价，以及这种评价如何影响他们的声望和地位：肖特和斯特罗特贝克（Short and Strodtbeck，1965）所研究的少年犯就因为想要维持自己在帮派中的声望和地位而惹上了麻烦。

我们在研究某个潜在越轨行为所涉及的个人及组织时会发现，进行中的集体活动绝不仅仅包括被视为错误的行为，对错误行为的指控是这场参与性戏剧最重要的特征之一。事实上，埃里克森（Erikson，1966）和道格拉斯（Douglas，1970）等人将越轨行为研究等同于关于日常社会生活里道德意义的构建和重申过程的研究。

175   一些主要的行动者自己并不参与那些错误行径，而是作为法律或道德的执行者，他们谴责其他行动者的错误行为，并把他们拘押起来或进行审判，或者由自己来实施惩罚。假如我们对这部分人的行动有一个足够长期和深入的观察，我们就会发现，他们有时会这样做，但并不总是这样做，他们对时间、地点和对象是有选择性的。此类差异会我们关于何谓错误的简单观念提出疑问。我们会看到，这些行动者自身对何谓越轨也存在分歧，也时常会对特定行为的越轨特性产生疑问。法庭会提出异议；即使法律明确，警察也可能持保留态度；而那些参与被禁活动的人又不会认同官方的界定。并且我们还会发现，一些根据公认标准应该被判定为越轨的行为，事实上并没有被人们如此界定。法律和道德的执行者也往往会见风使舵，会出于各种原因对一些行动视而不见或不作制裁，如追究下去过于麻烦，他们因资源有限而无法做到一个不落，犯下错误行为的人的权势足以让他免受制裁，或者他们自己被收买了，可以睁一只眼闭一只眼。

如果社会学家想找到一种对犯罪和越轨的工整分类方式，希望以此能清楚地指出谁在何时犯下了其中何种行径并寻找相关因素，他就会发觉这些异常现象都很麻烦。社会学家可能抱有一种期待，想通过改进资料收集分析技术来帮助他解决这些问题，但人们寻求这些工具的漫长历史告诉我们，这种希望是不现实的，人类在这方面的努力无法支撑对于进步的不可避免性的信念。

问题的关键在于理论，而非技术。我们可以对人们可能做出的特定行为或世界（尤其是官方，但也包括其他人群）所定义的特定类型的越轨行为作出实际可行的定义，但我们无法将两者完全统一起来，因为它们在经验上并不一致。它们属于两个尽管有所重叠但又彼此区分的集体行动系统。前者是由那些合作完成这些行为的人所组成，而后者则包含在道德戏剧中合作发现并解决错误行径的人，不管这个程序是正式合法的还是完全非正式的。

关于互动论的激烈讨论很大程度上源于"越轨"的模糊含义，因为这个词被用来指称这两个不同系统中发生的两种不同的过程（一个很好的例子见 Alvarez，1968）。一方面，一些分析者希望"越轨"指的是对一个社会中任何"合理"来说，或根据普遍认同的定

176

义来说（如违反一条所谓存在的规则，统计稀有度或心理病因学）是错误的那些行动。在这种情况下，分析者关注的是越轨行动发生时所处于的行动系统。另一方面，分析者也想用"越轨"这个词来说明那些被逮捕并被视为实施了这些行动的人。这时，他们所关注的就是那些判断产生时所处于的行动系统。只有当行动者与被捕者完全等同时，"越轨"这个词的模糊性才不会导致语意不明——但我们很清楚这两者并不等同。因此，如果我们将所有发生过越轨行动的人作为研究单位（假设我们可以界定这一人群），他们会不可避免地包括了一部分没有被认为越轨和贴上标签的人；假如我们选择将所有被确认越轨并贴上标签的人作为研究单位，那么其中也会包括一些事实上并未做什么却同样被当作越轨者对待的人（Kitsuse and Cicourel，1963）。

两种方法都不尽如人意。互动论家已做到的是将两类行动系统区分开来，注意到两系统间发生的各种重叠和互动，但并不就此假设它们的出现。于是，一个研究者就可以像林德史密斯（Lindesmith，1968）和我一样研究吸毒行为产生的原因，从病因学角度来找寻求答案，而不是假设研究对象的行为必然与一种概化的越轨特性相关。研究者们也可以选择最近一些研究的做法（如Gusfield，1963），去关注道德修辞和道德行动的戏剧，其中对越轨的指责可以被达成，被接受，被反驳，也可能因此争论不休。而互动论的主要影响是将这场戏剧作为研究的重心，特别是关注其中一些尚未被研究到的参与者——那些有足够权力而能够坚持自己对越轨的指责的人，例如警察、法官、医生、学校领导和家长。

我曾打算用我最初的提法来强调行动和人们对其判断之间的逻辑独立性的阐述。不过，这一阐述包含了近乎自相矛盾的模糊性，特别是在"秘密越轨"这一概念上。[1] 如果能研究这些模棱两可之处和可能的解决方案，我们就能够看到，这一理论的有效发展可能需要我们对作为集体行动的越轨进行更为详尽的分析。

如果我们一开始就认为一个被人们定义为越轨的行动就是越轨，那么我们所说的秘密越轨又是什么意思呢？由于无人将秘密越轨界定为越轨，根据定义，它也就不会是越轨；但"秘密"一词已经说明，即使他人不知道，**我们**也已经知道它是越轨。洛伯解决了这一悖论的一部分（Lorber，1967），他找到一类重要的案例，即行动者尽管设法在他人面前保持隐秘，但他会将自己的行为定义为越轨，因为他自认为其行动属于越轨，或是觉得他人会这么认为。

但是，如果行动者并不这么定义自己的行为呢？假如根本没有研究者们认为可以定义为越轨的行为呢？后一个假设更有说服力[我在这里想起了巫术这样的罪行（Selby，1974）。因为我们"知道"没人能够真正与魔鬼交媾，也没人能够召来魔鬼，所以我们想象不出一个秘密的女巫是怎样的]。在这两个情况下，我们都无法通过自我定义来解决这一悖论。但是我们可以将洛伯的想法进一步延伸出去，即如果一个程序是由恰当的人来完成，那么这一程序将引导他们在既有的特定事例的"事实"下作出这样的判断。所以相信巫术的人自然有办法来知道巫术行为在何时发生。我们也由此足以了解，人们若是使用这样的方法，就可以通过他们所发现的现象来判断巫术的发生。另一个不那么像是想象的例子是，一个警察在某人衣服口袋里搜查到的东西就可能成为对他携带毒品的指控。

换言之，秘密越轨易被用来发现特定越轨行为的常用程序，也要处于一个易使定义站得住脚的位置。而使其具有鲜明集体性的，则是被集体性地接受的"发现与证明"的程序。

但即使作了如此补充，研究中的困难仍然存在。在另一重要的案例类型——事后的规则建立中，由于规则在被质疑的行动产生

178

之后才得以建立，所以秘密的越轨行为在这以前并不存在（Katz，1972）。尽管案例调查程序会引出一些后来被人用以证明存在越轨行动的事实，但是因为规则尚未建立，所以行动者不可能越轨，不论是秘密的还是公开的。然而，当行动者的行为不再是秘密，并有人提出此类行为缺乏规则的约束，需要建立相应规则时，他就有可能被定义为越轨者。那么他之前的行为是否属于秘密越轨呢？

如果我们注意到，与其他形式的集体行动一样，越轨戏剧中的行动及定义是随时间的推移而发生，并从一个时间到另一个时间而发生改变，那么这个悖论就得到了解决。对行为的定义是按照时间顺序出现的，某一行为在 t_1 并未被视为越轨，然而在 t_2 则可能被定义为越轨，但这并不意味着它同时是越轨的。再借助我们之前的分析结果，我们可以看到，某一行动在 t_1 可能**不是**秘密越轨，因为当时使用的任何程序都不会产生有能力的判断者会认为是越轨的证据；而同样的行为在 t_2 **可能会**成为秘密越轨，因为在两个时间点的间隔中，一项新的规则被建立起来，于是就有了一个程序可以作出这种判定。

最后一部分的表述提醒我们，权力在关于越轨的互动论中有着十分重要的作用（Horowitz and Liebowitz，1968）。我们在什么情况下会制定并执行**事后**规则呢？我认为经验资料证明这种事后规则通常产生于如下情况：关系中的一方权力过大，从而可以将自身的意愿强加于他人的反对意见之上，并同时维持一种公正合理的形象。这在家长与孩子的关系中表现得尤为明显，也在类似的家长式关系——社会福利员与接受社会救济者，老师与学生的关系——中都比较典型。

通过将越轨作为集体活动的其中一种形式，并与其他集体活动一样，考察它所具有的各种特征，我们可以发现，作为研究对象的

179

越轨并不是一个我们要发现其起源的孤立行动。这一行动产生于一个涉及诸多他人的复杂网络，也会因为不同个人或群体对自身的不同定义而带有一定复杂性。这个道理同样适用于关于其他每个社会生活领域的研究，但注意到这一点并不能够让我们完全避免错误，因为我们的理论和研究方法本身一直会给研究带来麻烦。

越轨的去神秘化

社会学家总是习惯性地把平常的事件和经验神秘化。我记得我在研究生课程开始时的经历之一，就是欧内斯特·伯吉斯（Ernest Burgess）警告我们这班新生不要被人的常识引入歧途。同时，埃弗里特·休斯（Everett Hughes）又嘱咐我们千万要重视自己亲自能见闻的信息。我们中的一些研究生觉得这两条律令之间似乎有点矛盾，但又为了保持头脑清醒而压制了这种忧虑。

其实两条指令都有其真理性的内核。常识一词的其中一个含义　180
就在于它对人们的迷惑。这种常识是部落的传统智慧，是孩童在成长过程中逐渐学会的"世人皆知"之物的大杂烩，是对日常生活的各种刻板印象。它包括社会科学对社会现象本质、不同社会类别间的相互关系（如种族与犯罪之间，或阶级与智力之间），以及贫困和战争等问题的社会条件的起因的概化（generalization）。常识的概化与社会科学的概化在其形式化结构上有着相似的特点，但它们的区别在于对相互冲突的观察的免疫力大小。理论上，且往往在事实上，在新的观察说明其错误时，社会科学的概化会发生改变，而常识的概化则不会。由于这种常识的错误并不是偶然性的，所以它才会格外有利于现有制度。

常识的另一层含义是常人的思维不受任何花哨的理论或抽象专业概念的困扰，应该至少可以看见自己眼前的东西。像实用主义和禅宗这样相距甚远的哲学都颇为尊重常人的认识能力，就好比对桑丘·潘沙[1]来说，看到的风车就是风车。不论你怎么看，把风车想象为马背上的骑士就是一个错误。

社会学家常常会忽略常识的后一种含义所给予的启示。我们可能不会把风车变为骑士，但我们常常在研究中将人们共同行事的集体活动抽象为与人们共同行事不那么相关的名词。于是，我们很自然地会对人们实际进行的平凡之事丧失兴趣，只因为它们不那么抽象。相反，我们会去关注那些我们学到的社会学的全部内容——那些看不见的"力量"与"状况"。

社会学新手进行田野调查时，常常发现很难如书上所说的那样在身边看到的人类活动中发现社会学的存在。他们可能花上八个小时观察工厂或者学校，然后只带回两页笔记并解释说"无事发生"。他们的意思是说，他们没有看到任何失范、分层、官僚制或社会学的其他常规话题。他们没有理解的是，这些术语不过是研究者为了方便处理人们共同行事的大量例子而发明的，而我们已经认为这些例子在特定方面有足够的相似性，以便我们为了分析而把它们视为同一。社会学新手因为轻视常识，忽略了身边发生的事情。如果对日常生活细节不作仔细的笔记记录，他们也就不能通过这些信息来研究例如失范这样的抽象名词，也不能研究可能由他们自己构建的其他抽象概念。一个重要的方法论问题是，如何将我们从领会民族志细节到提出概念的过程系统化，从而解决我们在研究中遇到的或

181

---

[1] 桑丘是西班牙作家塞万提斯的小说《堂吉诃德》中堂吉诃德的侍从。堂吉诃德充满幻想，桑丘·潘沙则事事从实际出发。小说中堂吉诃德将风车看作为马背上的骑士，而桑丘只看见风车。——译者注

后来意识到的问题。

相反，作为社会学家研究对象的人们在关于他们的社会学记录中往往很难认出自己或自己的活动。我们应当对这个问题给予更多的重视。尽管我们不能期待外行人来为我们完成分析，但我们也不应该忽视的是，在对他们如何活动进行描述和假设时，必须要考虑到他们习惯于考虑的因素。尽管一些理论所基于的资料（如官方记录）无法说明这一点，但是许多越轨理论仍然或隐性或显性地提出，一些潜在的违规行动的实施都是建立在某一套特定态度的基础之上的。我们可以想想从涂尔干、默顿、克洛沃德（Cloward）到俄林（Ohlin）的失范理论中对行动者心态的描述。但如果被研究者在没有指导的情况下无法从这些关于自己的描述中认出自己，那我们就应当注意了。

这些行动者不能认出的还不仅仅是对于他们心态的描述，往往还包括对他们所参与的行动的描述。这是因为社会学家对这些行动的观察不够密切，或者对行动的具体细节缺乏注意。这种遗漏会引起严重的后果，它会让我们无法将行动中实际的偶然性纳入理论，也无法使理论能够考虑到实际存在的那些约束和机会。也许，我们会发现自己进行理论探讨的活动从来就不是我们以为的那样。

我们如果仔细观察我们所观察到的东西，就很可能会发现互动论者提醒研究者要注意的内容。我们会发现那些常规情况下被视为越轨的行动者，其实并未受到某种神秘、不可知的力量的驱动。他们这么做的原因与其他许多更为寻常的活动一样。我们也会发觉社会规则并非固定不变，而是在各种情境下不断被重新构建，由此来适应不同参与者的便利、意愿和权力位置。我们看到，这些被视为越轨的活动也往往需要精神障碍患者很难承受的合作网络才能完成。互动论可能是让我们的越轨理论服从于对它们所声称的研究对象的

182

仔细观察剪裁时的一个几乎不可避免的结果。

鉴于不论常识还是科学都要求我们在对越轨进行理论化之前要做到足够仔细的观察，在这种要求下构建的理论具有一种复杂性，会考虑到所有与越轨事件相关的人的行动和反应。而至于所说的行动是否真正发生，官方的报告是否准确以及在何种程度上准确等问题，则留待经验来确定（而非通过假设）。因此（这也是旧式越轨研究的一个巨大的困难来源），这就难免对研究者习惯使用的一些统计数据和官方记录的效用产生质疑。这里，我并不想再重复人们对官方记录的批评或维护，以及对其用途方面的建议，只是想提醒研究者们注意，对人们共同行动的仔细关注让我们意识到，记录也是由许多人的共同行动产生的，也就必须在这个语境下进行理解（见Cicourel and Kitsuse，1963；Garfinkel and Bittner，1967；Cicourel，1968；Biderman and Reiss，1967；Douglas，1967）。

183　　越轨的互动论与依赖作为主要资料收集途径的深入的田野观察之间的联系并不是偶然的，但另外一方面，我又认为这种关联也并非必需。互动论产生于认真地对待那些看似平常的东西的思维状态，并且不会满足于用神秘和不可见的力量作为解释机制。这种思维状态在研究者不断发现需要他给予解释的现象以其复杂面貌出现时会变得愈发活跃。当我们只有一些从官方记录或者问卷答案中得到的事实片段，那么构建一些带有神秘色彩的罪人，并赋予他们一些与我们的假设最相符的特征，就会非常简便。加尔通（Galtung，1965）在另一个方面认为，这一类神秘的构建无法抵御产生自亲密相处的相反事实的冲击。

一些人已经注意到，过分强调一手观察会让研究者无意识地把自己限制在那些较易进入的群体和场所，也就无法研究那些可以抵御我们入侵的有权势的个人和群体。于是，对观察技术的偏好会与研究越轨戏剧中各方的理论建议相冲突，而这也就消弭了互动论的一部分优势。当然，我们可以通过调整研究方法和灵活使用观察技术来避免这一类危险的发生。米尔斯（Mills，1956）等人阐述了可用于研究权力阶层的各种方法，例如对那些政府机构不慎公开的档案资料进行研究，或者是利用权力阶层内部争斗所提供的资料。十分类似的是，我们可以利用非侵入性进入（unobtrusive entry）或者意外获取技术（贝克尔和麦克，1971）来收集直接的观察资料（哈本斯坦的几篇论文中都对资料获取和抽样的有关问题进行了探讨，见 Habenstein，1970）。

社会学家通常不愿意如我在这里建议的那样仔细观察眼前的状况，这尤其影响了越轨研究。克服这一问题对越轨研究产生了那些对工业、教育和社区研究同样有效的益处。当然，它也提高了社会学理论和研究中道德问题的复杂性，我在下一节会对此进行具体的讨论。

184

道德问题

所有社会学研究都会产生道德问题，而由越轨的互动论引起的道德问题则尤其之多。道德层面的批评意见源于政治中立地带，又超越了它；批评会来自政治左翼（political left），也会来自立场稀奇古怪的左外野（left field）。互动论被谴责为包庇和姑息敌人，并对既有秩序的稳定性，也即建制造成危害。互动论者也被指责为公开支持非常规的规范，转而支持反建制的立场，并且可能（在左外野立场上）表面上支持反建制，却巧妙地维持现状。

互动论是具有颠覆性的。 许多批评者（并不都是保守派，但也包括一部分保守派）认为越轨的互动论或公开或暗地里攻击常规道德，有意全盘否定它对越轨是什么和不是什么的定义，并对常规组织在处理越轨时的假设提出质疑。比如莱默特就提出：

> 表面上看，越轨社会学似乎为研究特定类型的社会问题提供了一种相对超然或科学的方法。然而其心态、语气乃至研究对象的选择都表现出对国家主导的社会控制的思想、价值和方法的强烈批判。在一些极端的论述中，越轨不过是任意的、偶然的或者基于偏向的决策的结果，是群体为了维持既有价值和行为方式并加强特定群体权力来创造条件的一种社会心理过程。这给人留下的一条印象，就是对那些社会控制机构的描述和分析是为了揭露它们工作的失败，以及对"不可剥夺的权利"和"自由"的连带侵犯。从这个角度来看，越轨社会学更像是一种社会批判，而非科学。它对实际维护我们社会的独特品质——选择自由的那些决定和控制几乎没有什么帮助和促进作用。（Lemert，1972，p.24）

这一类批评者认为，将官方和常规的观点作为研究对象的坚定信念，而不是作为事实或不言自明的真理来接受，是对社会秩序的恶意攻击（Bordua，1967）。

我们再来考虑一下如下的批评："标签理论"不加掩饰地混淆了它解释的事物和它的解释。如果它把越轨仅仅视为作出反应者的定义问题，同时又假设了一种他人反应所针对的越轨，那么越轨就一定以某种方式先于反应而存在。一些批评者不去考虑我先前提到的实际的逻辑困难，而只是坚持认为一个可能被视为越轨的行动必然具有某种性质，而与他人的反应无关。他们通常在该行动对公认

185

规则的违反中找到这种越轨的性质（例如 Gibbs，1966；Alvarez，1968）。在他们看来，那些不愿意承认某些行动是**真正的**越轨，连在违规层面都不属于的理论家是倒错的。

但是互动论者并没有那么倒错，他们将是否具有潜在越轨行动与是否将其判断为越轨结合起来，组成一个由四格组成的属性空间[1]，以此来强调行动与对行动的反应之间的相互独立性。在这一程序中对批评者困扰颇多的是，"越轨"一词后来被更多地用于被定义为越轨的行动的那一对单元格，不管所指的越轨行动是否已经发生。这种选择可能反映出分析者不愿意对潜在越轨行动的诋毁性分类表现出支持。此种不情愿的心理源于他们对规则的内在情境性特征的认识，这一认识只存在于不断随情境而更新的共识中，而并非作为某种基本价值的持续不变的具体体现（可参"协商秩序"概念，见Strauss et al.，1964）。

无论如何，只要互动论者将潜在越轨行动的实施称为越轨，那么不论他人的反应如何，抱怨的人就会少一些。我们中有许多人用越轨这一概念松散地涵盖了三种可能牵涉到越轨的情况：实施了潜在越轨行动却未被他人定义为越轨，并未实施越轨却被定义为越轨，或实施越轨和被定义为越轨这两种情况的并存。这种马虎的定义方式理应受到批判，但是在这里，重点在于三种情况中没有哪一种可以完全代表越轨，因为越轨还在于相关各方之间的互动。

回到一个更大的问题上，越轨的互动论对社会秩序的真正攻击在于它坚持认为相关各方都是合适的研究对象。早期越轨研究将自己的领域定义为是那些被认为违反规则之人，这种定义通过将这些规则的制定者和执行者排除在研究之外，而尊重了这一秩序。而被

---

[1]　见第二章开头的表格"越轨行为的种类"。——译者注

排除在研究之外意味着这些人的主张、理论和事实陈述可以免受批评性的审查（Becker，1967）。

互动论者拒绝接受常规理论的态度引致一种对常规权威和道德的批判，以及他们的发言人和辩护人对互动论分析表露出的敌意。于是，当警察当局声称除了个别害群之马之外大多数警察都很诚实时，社会学调查表明，警察的不当行为源于警察工作组织的结构性要求，而这类调查使得警察必须在社会科学家面前作好自我防御和辩护。同样，认为精神疾病是一种社会定义的观点（例如，Scheff，1966）引起了这样的回应：被关进精神病院的人确实患病（Gove，1970a，1970b），而事实上这种回答忽略了定义论证中的要点，转而击中了一种隐含的道德论证，暗示精神病学家清楚地知道他们在做什么。

互动论是建制的。鉴于以上提到的各种原因，互动论看上去（并且事实上）比较左派。不管是否有意图如此，互动论对常规思维方式及现有制度都是腐蚀性的。然而左派也在批评互动论，并在某种程度上反映了更像中间道路的反对意见。[2] 正如支持现有制度的人不喜欢互动论质疑他们的观点与合法性，那些认为现有制度日渐腐败的人也抱怨互动论没有指出这种制度的腐败状况。两者都抱怨道德立场的模糊性，并把问题归结于"价值中立"这一意识形态，这种立场假装中立，但实际上在不同情况中会对"激进"和"纯粹自由"的意识形态都表示赞同（Mankoff，1970；Liazos，1972）。

问题显然源于价值中立这一概念的含糊不清。我认为所有的社会科学家都会达成共识，认为不论科学研究者的政治立场或其他价值取向如何，他们用同一方法去研究同一问题，最终都会获得大致相同的答案，一个由顽固的现实世界给出的答案，不论我们的想法如何，它都在那里。如果一名左翼社会学家希望基于自己或他人的研究成果来进行政治行动，那他就最好为此努力，并希望能成功做到这一点，不然他会被自己的价值观蒙蔽双眼，并由此导致政治行动的失败。

这种简单的表述不可能招致辩驳。但是，任何社会科学家都会在某种程度上错失这个目标，而这种错失可能是由社会科学家的价值造成的。我们在人口普查时可能对黑人人口的统计存在差错，因为我们认为，鉴于他们的生活方式，我们不值得花这么大的麻烦去找到他们进行调查。我们也可能没有对警察腐败现象进行调查，因为我们觉得这种情况可能不存在，或者即便它们存在，也不适合进行调查。我们还可以指出，研究者能通过研究抗议者的个性来理解政治抗议，并由此暗示他们所反对的制度对他们抗议行动的形成过程没有产生任何作用。我们可能也会用研究来帮助当权者处理那些制造麻烦的人，如帮助学校领导、雇主和警察发现那些激进主义苗头，铲除潜在的麻烦。

当我们从价值自由的技术性观念转而考虑研究问题的选取、阐述问题的方式以及研究成果的用途时，道德问题就会愈发凸显出来。其中的一些道德问题是由于社会学未能做到认真待己，未能遵循我们几乎每个版本的基础理论都包括，且可能在互动论中最为清晰的要求（Blumer，1967）：研究情境中的相关各方，以及它们之间的相互关系。如果遵循这种要求，我们自然就可以去研究警察腐败，只要它存在，且与我们的研究内容相关；如果遵循这种要求，我们就不会在研究政治抗议现象时认为它只和抗议者有关。一种严格遵循其自身戒律且价值中立的社会学不会这样给左派制造麻烦。

然而，研究成果的用途问题并不那么容易找到答案。同样，影响到许多职业协会的问题——职业社会学家是否因为身为社会学家就有权在道德和政治问题有特殊的观点——也不能轻易获得解答。

189

我们会发现，在一些获得许可的情况下，社会学家可以对诸多政策的结果提出专业见解，他们可能会对自身所服务的那些对象的利益尤为关注。但我们发现，很难证明社会学家因其科学性就能够在道德问题上有任何特殊知识，或要求我们关注。这是为何呢？因为科学本身是价值中立的。于是，我们只能继续在作为科学家的社会学家与作为公民的社会学家之间进行十分细微的区分，这种区分在实践中是不可能维持的。因为我们都同意，公民社会学家不仅会有自己的道德立场，也不可避免地会有这种道德立场。

我们不可能在实践中维持这些区分，原因如埃德尔（Edel，1955）[3] 已指出的那样，明确事实、构建科学理论以及作出伦理判断无法被如此整齐地区分开。当你无法在逻辑上根据"**是什么**"的前提推理出"**应该做什么**"时，负责任的伦理判断需要依赖于我们对世界及其组成部分如何被构建，如何运行，以及能做什么的评价。而这些评价则基于优秀的科学研究工作。它们会让我们看到我们所研究的问题的全部伦理复杂性，看到我们一般的伦理承诺在给定情境下的体现，看到我们对公正、健康、怜悯或理性等价值的偶然伦理承诺怎样彼此相交、融合和冲突。

我们的研究总是不断谈论到伦理问题，并且一直会受到我们的伦理考虑的提醒和引导。我们并不想让自己的价值对我们对社会生活命题效度的评价产生任何干扰，但是我们无法避免它们对所研究命题的选择或对研究成果的用途产生影响。我们也不该介意这种影响。与此同时，我们的伦理判断也不可避免地受到科学研究所面临的越发丰富的知识的影响。科学与伦理是相互渗透的。

我们来看看大麻吸食的例子。如精神病学理论和资料所提出的那样，我们对大麻吸食行为的看法从对一种不正当快感的无节制沉溺，转变为平息内在冲突的无情的精神强迫，此时，我们必须改变自己的判断。但如果我们将它视为一种相对而言不具有什么危害的娱乐活动——其最坏的结果不管是从社会还是个体层面来说都只来源于不吸食大麻的人对吸食者的反应，我们的判断又会发生改变（见 Kaplan，1970；Goode，1970）。我们这些关心最大化人类自由的人，会将注意力集中于纵情享乐相对于压制快感的危害问题。我们可以选择去研究规则执行系统的运行，研究那些保持系统运转的官僚和事业家的既得利益所在，研究那些促使系统偏离其预期目标的力量，研究他们预期目标与实际使用情境及后果之间的背道而驰——所有这些都是在对自由价值的追求中产生。我们随时都要准备去发现我们提出的疑问所基于的前提本身是错误的（例如执行系统会有效和诚实地运作，为个人及社会处理严重的问题），我们必须通过研究去使这样的发现成为可能。

从其他道德立场出发的社会学家可能会研究来自同辈群体、大众传媒以及其他个人影响的压力，因为这些压力也会导致大麻吸食行为，进而通过从道德约束中释放的机制造成社会秩序的失效。他们可能在细微层面关注这些压力如何推动人们吸食大麻，进而会像早期心理学理论所担心的那样在普遍层面上限制了自由，尽管二者涉及的机制不同。这些研究者同样随时会发现自己先前假设和前提的错误。而完全不研究这个问题的社会学家会认为这在道德上是理应忽略的。

当批评者发现科学研究与道德判断间关系的复杂途径过分隐晦而不够直白时，就会对越轨的互动论进行攻击。例如，中间派批评者指责互动论不愿将强奸、抢劫和谋杀视为**真正的**越轨，而左派批评者则批评说它拒绝承认阶级压迫、种族歧视和帝国主义是**真正的**越轨，不承认贫困和不公正属于**真正的**社会问题，不论人们如何定义它们（Mankoff，1968）[4]。两方都希望看到他们的伦理预设以毋

191

庸置疑的事实断言的形式纳入科学研究，而这些事实断言依赖于隐含地使用关于已达成高度共识之事的伦理判断。

于是，如果我承认强奸是一种**真正的**越轨，或者帝国主义是一个**真正的**社会问题，那就相当于暗示说这些现象具有一些我们公认的理应受到谴责的特征。尽管我们有能力通过研究来确定这一点，但我们通常被迫通过定义来接受它。将某种现象定义为越轨或社会问题使经验性的论战变得不那么必要，并且阻碍我们去发现自己预设中的错误（世界并不像我们想象的那样）。当我们把自身的伦理判断供奉在定义的神龛中，令其免受经验事实的检验，那就犯了感伤主义（sentimentalism）的错误。[5]

科学家常希望让一些社会学理论、科学证据和伦理判断的复杂结合体仅仅表现为一个简单的定义。那些作出过强烈价值承诺（不管是什么政治承诺或道德承诺）的科学家尤其有此类期待。为什么人们想要把自己的道德观念装扮成科学？原因多半由于他们认识到或凭直觉知道，在当代社会中以科学发现的面目出现要远比承认这"不过是一个道德判断"有优势。所有重大社会和道德论争的相关方都会试图获得这种优势，将他们的道德立场说成是公理，融合到他们所构建的理论、研究和政治教条的预设之中。我向左派提议，应该直接公开地攻击不公正和压迫现象，而不是伪装由社会学第一准则在某种程度上可以推断出，或是从经验发现中可以证明"这些事情是恶的"。

我们的道德立场和判断虽然在我们的科学工作中适当地发挥了作用，但在社会学家研究工作所包含的各类活动中，应当扮演截然不同的角色。我们在用经验证据去检验假设和命题时，总是担心自己的期望会影响结论，因此总会试图将假设和命题的影响力降到最低。然而，我们在选择要研究的问题时，会（与自身研究能力等实

际问题，以及得出普遍、有力结论的可能性等理论关切一道）考虑
到潜在的发现会对自己所关心的伦理问题的影响。我们想要知道，
我们最初的判断是否正确，我们和其他行动者在此情境下有哪些行
动的可能性，我们希望收集到的知识可以带来哪些好处。虽然我们
想要做到评判的公正和准确，但是在基于我们的发现来决定采取何
种行动、对谁提出建议时，我们的选择难免受到道德承诺的支配。
最终，我们有时会以选择我们想要采取的行动以及想要帮助的人群
开始，以此作为选择研究问题以及方法的基础。

部分批评来自立场古怪的左外野。一些批评者（如 Gouldner，
1968）认为虽然越轨的互动论看似是反建制的，实际上是支持建制
的，因为它只对压迫性制度的底层机关进行攻击，而避而不谈高层
的责任，这种对底层混乱的斥责实际上也是对高层的维护。

就我们目前的知识状态来说，我们只能用推测性的方法来处理
这些问题。既没有足够的证据来支持这种批评，也没有人可以找到
证据来驳斥它。这种批评针对的不仅是互动论的一般道德主旨，当
然还有研究和理论化所引起的结果的事实性问题，但它也可以在此
基础上被质疑。

如其他种类的互动论一样，越轨的互动论关注社会行动者如何
定义彼此以及所处环境。他们尤其关注定义权的大小差异，以及一
个群体如何获得和使用权力去定义其他群体如何被看待、理解和对
待。精英、统治阶级、老板、成人、男人、高加索人，总之就是优
势群体，通过操控人们对这个世界及其组成部分和其他可能性的定
义方式，并通过使用更为原始的控制形式来维持他们的权力。他们
会用更原始的手段来建立霸权。但基于操纵定义和标签的控制，运 194
作起来更为顺利，成本花费也更小，因此优势群体更偏爱它。对等
级制度的攻击会从对定义、标签，以及关于谁是谁、什么是什么等

常规概念的进攻开始。

历史已经推动我们向基于控制定义和标签而实现的隐秘型控制的方向大步前进。我们会通过指控人们的各种越轨行动来施加控制。在美国，我们指控持不同政见者使用违禁药品。几乎所有现代国家都会利用精神病学诊断、仪器和专业人员来限制会制造政治麻烦的人物，如从埃兹拉·庞德（Ezra Pound）到梅德韦杰夫（Z. A. Medvedev）（Szasz，1965）。而当我们研究道德事业家如何制定出规则，研究执行者如何将规则用于特定案例中时，我们所研究的是优势群体如何维持他们的地位。换句话说，我们研究的是压迫的一些形式，以及压迫获得"正常""日常"状态和合法化的路径。

大多数从互动论模式出发的越轨研究都将注意力集中于在地化的越轨戏剧的直接参与者：那些参与各类犯罪活动的人，还有他们经常接触到的例行公事的执行者。我们先前倾向于研究警察、精神病院护理人员、狱警、精神病学家等人，但却较少研究这些人的上层，或者上层的上层［也存在一些例外：梅辛杰（Messinger，1969）对监狱管理人员的研究，道尔顿（Dalton，1959）年对工业管理人员的研究，以及斯考尼克（Skolnick，1969）用越轨理论对美国的抗议政治进行的研究］。

但是对当局底层的关注，既不是排他的，也不是不可避免的；其实际效果是质疑对下属行为负责的当局高层。这些高层可以明确地提出行动命令，以一种伊索式的语言命令他们，这也在必要时就可以否认自己曾给出该指令，或者就任其在无能或疏忽中发生。如果底层的行动应当受到批评，那么高层或多或少也都同样应受问责。即使没有一个美军将军因越南美莱村的屠杀事件受审，但是这样的事件动摇了普通民众对美军在越南的军事行动以及最高负责人的道德正确性的信念。同样，如果我们能够理解校内精神病医生并非治疗机构，而是学校管理层的代理机构时（Szasz，1967），我们就再也不能以一种对常规精神病学机构的信任感来看待它了。最高层的官方发言人分析那些最底层机构的腐败、失职或不公正指责的惊人速度，就可以让我们像他们一样清楚，这些分析攻击的是制度还是代理人，是高层还是底层。此类研究在让我们审视一项制度根据其所声称的目标及其所偏好的自我解释而所作的实践时，产生一种特殊的道德伤害。因此，如果我们的研究产出能被视为对社会及其任何部分的运行情况的评价，那么这一研究就一直可以有批判性的主旨。

结 论

以互动论路径来研究越轨现象，不仅是为了阐明这一主题下通常研究的现象，而且加深了我们在看待这些现象时的道德视角。互动论路径从澄清和复杂化两个角度同时展开任务，让社会学家意识到越轨研究需要考虑到更大范围的人和事件，而这需要我们对丰富的事实保持敏感。我们会对这些道德戏剧中的所有参与者进行调查研究，不论是被指控者还是指控者，任何一个人都不会因为德高望重而得到常规专业调查的豁免。我们会仔细观察相关的实际活动，并要试图理解所有参与者的行动的偶然性。同样，我们的研究不会接受任何用神秘力量的作用来解释越轨戏剧的意图，而是会尊重常识，它会引导我们注意可以清楚看到之物，以及那些需要通过更细致的资料收集和理论分析的相关事件与利益。

在另一个层面，互动论路径向社会学家表明，越轨戏剧的每一方面都包括的一个重要因素就是定义的强加过程——这些定义牵涉

187

到情境、行动和人，而它们的强加过程通常由有足够权力和合法性的人来完成。于是，对越轨现象的全面理解就需要对这些定义，以及定义的形成，合法性的获得和被认为是理所当然的过程进行彻底研究。

这两个层面的分析都在当前环境下给予互动论路径一种激进的特质。互动论分析将道德事业家（以及他们试图控制的人）作为研究对象的做法触动了我们社会在信度方面的等级秩序，它对权力、权威阶层在真相和"原委始末"上的垄断表示质疑。互动论者认为，我们不该如所谓的好公民一样毫无疑虑地信赖官方说辞，而是应当自己去发现被视为越轨的那些现象的真相。面对由受尊敬者和权威机构所指控和定义的越轨现象时，他们采取了相对主义的立场，并没有把它们作为绝对的道德真理，而是作为进行社会科学分析的原始素材。

越轨的互动论分析的激进性的最后一层含义，是被常规权威阶层视为激进。当政治权威或其他类型的权威部分地通过含混和神秘化来行使权力时，一门将事实清楚呈现的科学必然会有损权力基础197 的稳固。那些被互动论者分析其机构和权限的权威，会斥责这类分析的"偏向"，其对传统智慧和价值的拒斥及其对公共秩序的破坏。[6]

通过将类似法庭、医院、学校和监狱这样的道德舞台中真实上演的事实进行阐明，互动论分析所带来的这些后果使得我们作为科学家的道德立场更加复杂。互动论使我们无法忽视我们研究中的道德含义。但即便我们希望如此，那些自认为受到攻击的权威也会一口咬定我们才是该对那些后果负责的人，由此摧毁了一个中立的科学假象——而我们当然会对此负责。

本章对于越轨理论的最新发展的讨论，实际上是考虑将道德引入当代社会学的一个开始。我们可以在关于教育机构、医疗服务、军事部队、工业商业等社会学研究领域中作出类似的研究——当然包括社会学研究能够阐明人类与制度活动的**所有**领域。这样一来，我们可以在这一难题上取得进一步发展，也会由此影响我们对它们的道德评价。

本章最初作为论文提交给 1971 年 4 月英国社会学学会在伦敦召开的会议。不少友人对初稿提出了有益的意见。我要特别感谢埃利奥特·弗赖森、布兰奇·吉尔（Blanche Geer）、欧文·路易斯·霍洛维茨和约翰·基特苏斯。

注释

1. 杰克·卡茨（Jack Katz）和约翰·基特苏斯对我重新分析秘密越轨问题给予了巨大的帮助。

2. 理查德·伯克（Richard Berk）曾向我提议，在决定谁是左派或"激进"方面的长期困难导致了这样一种情况，即尽管我所讨论的批评者可能是那些有如此的自我认同，并且被他人如此认同的人，但这些批判却不是从马克思主义的社会分析中产生的，而后者也许更有资格获得这一标签。他进一步指出，这样的批评路线可以集中于在该传统所特有的全社会阶级集团分析与越轨的互动论所特有的小单位深入研究之间建立一种连续性有多大的可能。我认为这种连续性是存在的，但我无法分析论证这一点。

3. 欧文·路易斯·霍洛维茨（Irving Louis Horowitz）让我了解了亚伯拉罕·埃德尔的工作。

4. 下面这段话很好地体现了这些主题："不过，我们很少注意到的是，企业经济的杀戮和破坏比任何穷人（通常的暴力研究对象）都要更加残暴，这难道不是一个**社会事实**吗？我们有什么理由和必要来更关注贫民窟穷人的'暴力'，而非让新兵对杀死'敌人'['东方人'，正如我们在卡利（Calley）军事法庭审判中了解到的]麻木不仁、毫无恐怖的军营？只是因为这些行为没有被贴上'越轨'的标签，毕竟它们是隐蔽的、制度性的和正常的，它们的'越轨'特质被忽略了，没有成为越轨社会学的一部分。尽管这些社会学家有着最好的自由意图，但他们似乎在延续自认为已推翻的观念，而并不关注其他。"（Liazos，1972，pp.110—111.）

5. 至少有一位批评者（Gouldner，1968）把我对感伤主义的批评误读为对情感的恐惧。我在《我们究竟站在谁那边?》（"Whose Side Are We On ?"，Becker，1967，p.245）一文中给出的定义使我的实际意思非常清楚："我们是感性的，特别是当我们的理由是，如果知道了一些自己可能还没有意识到的存在会违背某种同情心，我们宁可不知道发生了什么。"

6. 对激进社会学的概念的详尽讨论，可参 Becker and Horowitz，1972。

四十五年后：一些新问题

第十一章 《局外人》为何能 一举成名，并且至今经久不衰？

《局外人》自 1963 年 4 月出版的那天起就一直畅销。出版后不久，它便被译为多种语言，并如同它的英文版那样被广为阅读，成为社会学专业本科生的必读书目或推荐书目。

《局外人》是如何畅销并广为人知的呢？我想到了许多随性的解释，但事实却往往复杂得多。因为一个巨大的原因根本不会导致什么（你找到这个原因就解决了问题！）。文化理解和组织实践中发生的变迁，不论大小，都是因为许多看似毫无关联（实际上也往往毫无关联）的事件与行动都恰到好处地联系在一起，由对的人在对的时间做了对的事。如果没有最初的幸运突破，也许就根本不会有后续的事情发生。

寻觅出版商

《局外人》在当年就差点流产，因为缺少至关重要的环节——出版商。在 20 世纪 50 年代早期，我已发表了后来成为本书内容的四篇论文，并野心勃勃地想要基于这些文章出版一本著作。但不论它们的内容多么有趣，仅靠四篇文章是不足以出版一本专著的。我不得不放弃这个计划。

与此同时，我开始日夜构思一些内容，它们最终成为我的"标签"理论的第一稿。为此，我写了一篇长论文，然而那篇论文也不够成书。但我喜欢这个将所有论文素材最终整合在一起的想法，并不断思索这种可能性。

在 20 世纪 60 年代初的某天，我从抽屉里拿出了关于给越轨贴标签的论文，并邮寄给了我的一个朋友欧文·多伊彻（Irwin Deutscher），当时他是雪城大学一个研究中心的负责人。他鼓励我寻求出版机会，这让我萌生了去效仿我读研究生时的朋友欧文·戈夫曼的做法的念头——他把一系列关于精神健康的论文成功结集出版，也就是日后成为社会学经典的《精神病院》（Asylums）。我回顾了自己之前的工作，发现我早期关于舞曲音乐人以及大麻吸食者的论文，其实都与越轨研究论文有相通之处，它们也许能够结集成书。于是我整理了我的论文集。

但是谁会愿意出版这样一本书呢？我首先想到的是格伦科的自由出版社（The Free Press of Glencoe），它位于芝加哥大学社区的海德公园。我在芝加哥大学接受了我的大学教育，并完成了所有的研究工作，而我研究生时期的一个朋友内德·波尔斯基正在该出版社担任编辑。

格伦科的自由出版社（即日后的自由出版社，今天是西蒙与舒斯特出版公司旗下品牌）可以说是战后学术界和学术出版界的意外产物。

芝加哥大学的本科学部不是它最重要的部分。它更重要的部分是研究生院，其中的许多科学学科在当时都闻名国际，而在历史、哲学和其他人文学科领域也是如此。研究生院也从一开始就开设了社会学专业，这个社会学系至今仍被许多人认为是"一切的开端"。

当罗伯特·哈钦斯（Robert Hutchins）成为芝加哥大学的校长时，他执行了自己的想法，即摆脱常规的本科课程以及教授这些课程的人。于是，大学的教职员工里开始有一些特立独行的人，其中一些并没有高学历，并且与研究生院的系所并无关联。因此在大学本科阶段，社会学或其他受认可的社会科学学科都没有以其他地方通行的名称教授给学生，取而代之的是三年的社会科学课程（课程名为 Soc 1、Soc 2 和 Soc 3）。

这些课程的授课老师可能是社会学家（以及其他社会科学领域的学者），但这些老师与研究生院的系所并无正式隶属关系。大学创立自己的课程体系，并决定学生们要阅读的文献和资料。其中一些非常规性的阅读文献并不是那么容易就能找到的。20 世纪 50 年代，教员教授社会科学时需要的书籍包括社会学巨匠埃米尔·涂尔干的《自杀论》和马克斯·韦伯的著作。一些书籍虽然出过英文版，却长期处于一书难求的状态。

如何能找到这些书？这时，芝加哥大学的另一个独一无二的特点又显现了出来。芝加哥大学是芝加哥海德公园社区的最主要雇主，这里的居民生活富裕，受过良好教育，政治观点自由，对他们而言，大学的存在是好事。居民在这里居住，都是为了享受大都市的氛围。

一个纽约来的年轻人杰里迈亚·卡普兰（Jeremiah Kaplan）成为了海德公园社区的一员。他听说了当地教员们面临的问题，认为自己不但可以解决这个问题，还可以从中获益。为了这项投资冒险，他与一个朋友设法解决了财务问题，并提出，**只要**是大学教员能够保证连续两年指定为阅读材料的书籍，他就能出版。教员们做到了，

203

而他也兑现了自己的诺言。他的新公司获得了足够多的利润，还可以多出版几本书。之后的故事我就得靠我的记忆了，他突然有了做"读本"的想法，也就是将特定主题的已发表的文章汇编成册，带有少许"为学生简化"的风格，以此来取代传统的教科书。自由出版社就成为了一个切实需求的答案。

204　当我决定要将日后成为《局外人》的手稿结集出版时，自由出版社已经蒸蒸日上并迁到纽约。我把一个装有越轨论文及其他文章的邮包寄给了我的编辑朋友内德·波尔斯基，他当时也随卡普兰的新公司迁居纽约。我征询了他的意见，问他在自由出版社是否有可能出版这本书。他觉得可行，但卡普兰否定了这个想法，坚持认为这本书没有市场，根本收不回出版成本。波尔斯基应该是不断争取并且最终成功了——我并不清楚当时卡普兰眼中的事件如何。自由出版社最终出版了《局外人》，它也很快成为了学界的热点（至于卡普兰对此的看法，我就不得而知了）。

一切都是最好的安排：时机、人和产品

社会学家总是在寻找（并且喜欢发现）复杂并运行良好的组织，其中的一切部分相互适应，其整个运作机制最后产出令人满意的结果。即使这种运行良好的机器确实存在，也不会存在得长久，但它们的存在可以让人更容易去发现变迁产生时所处的时间和地点。

要理解《局外人》如何获得了它的影响力，我们就得去看它所侵入的系统所在。师生们围绕观念、书籍、思维方式和对如化学、历史或哲学等学术话题的"处理"路径而聚集在这个系统里，它不仅在更大的知识界被广为接受，并且为学生提供了可被称为知识体系的内容。

标准课程，标准书籍

当《局外人》出版并上架后（教师也可以指定其为阅读材料），它进入了大学本科教育体系。当时许多（有可能是大多数）学生仍要通过修读社会学等领域的所谓低阶课程来满足大学的分布必修型课程要求（distribution requirements）来填满课程表里的空缺，并保持自己充足的课业量。因此，许多学生选择据说"有趣"但要求不会太高的课程（其中就包括了传闻简单而事实不见得如此的社会学）。

你可以选修社会学导论或是许多分支领域的社会学：城市社会学、教育社会学、犯罪学、社会问题、社会解组、家庭等。并且，假如你还不清楚自己长大后想做什么，你甚至可以主修社会学，确信自己"喜欢与人共事"，这样的专业选择最终一定会导向可接受的结果。它或许可以帮你找到一份监狱看守或警察的工作。因此社会学有可能是个合适的教育背景，不是吗? 从结果来看，选修社会学课程的学生通常对该领域没有特别的知识兴趣或个人兴趣。

一些成熟的学科，尤其是物理和生物科学，通常有"人人须知"的标准核心内容。而大学低阶课程的教学模式——大班、教授讲课、由助教批改考试和论文——需要包含该核心内容的教科书。

社会学已有了这样一个权威范本，也就是当时（20世纪20年代）被称为"绿色圣经"（该书用绿色布面精装）的《社会学科学导论》（*Introduction to the Science of Sociology*，1921）。这本书由美国社会学的两位先驱人物罗伯特·帕克（Robert E. Park）和欧内斯特·伯吉斯（Ernest W. Burgess）撰写，他们与雇用他们的托马斯（W. I. Thomas）一起在芝加哥大学为社会学开设了卓越而开创性的美式系所。这本书开创了先河，将许多欧洲学者（格奥尔格·齐美尔、马克斯·韦伯、埃米尔·涂尔干等人）的思想引入美国学术界，并提出了任何严肃社会学都必须思考和解释的基本话题：家庭、城市和城市社区、社会阶层，还有包括自杀、离婚、移民融合等的各种"社会问题"，以及所有成为该领域基础的内容。

但是社会学具体分支领域的追随者们产量不高，相较于他们在化学或生物学的同行，能被普遍接受的研究成果要少得多。因此，为了取代自然科学引以为荣的基本概念、公式和既定真理，社会学转而使用一系列的话题——例如社会学导论、家庭、社会解组、城市等。这些话题几乎"人尽皆知"，却又并非一直清楚。这些子领域在许多标准话题上积累了大量研究——通常是在那些作为问题核心，但看上去不那么像心理学问题的集体活动领域。

因此，大多数院系都依照教科书来教授社会学的通识低阶（大一和大二）课程，每本教科书都会涵盖一个子领域，介绍一种看待社会生活的方式，而社会生活通常在关注"人尽皆知"的事情。例如，"社会问题"课程的一本理想教科书会涉及"犯罪""贫困""种族关系"等话题，有足够的章节供教师在学期内为每周分配一个或多个章节（一学期为十周，如果大学是学期制，并按一个季度或十五周的周期来划分学期）。种种本质相似的书籍在同一领域争夺本科市场。许多领域都存在相似的常规性话题。例如，"社会解组"可能会包括有关精神疾病、自杀和青少年帮派的内容。

所以，老师面对的问题不是你要教授什么内容，而是你要指定哪本涵盖这些常性规"基础"内容的社会学导论书籍。你会"使用"奥格本和尼姆科夫（Ogburn and Nimkoff）的书，还是杨和麦克（Young and Mack）的书，还是默顿和尼斯比特（Merton and Nisbet），抑或是他们竞争者的著作？其他基础领域也是一样。主流的学术出版商提供了全套的社会学教材，就像他们为大学的其他学科领域所做的那样。

新一代的教师、学生与书籍

20 世纪 60 年代，婴儿潮一代大量涌入大学校园，这一重大变迁对学术界产生了一定冲击。对此，这种由教师、课程和教科书环环相扣而构成的良好系统就变得不那么可行了。那些在十年或十五年前决不雇用任何未完成并通过毕业论文者的院系，现在突然乐意为那些甚至还未开始博士研究的人提供终身教职。 207

新一代的大学教师（于战后完成博士学业）来教授婴儿潮一代这一全新而庞大的学生群体。这些教师在一些重要的方面与前辈们有所不同。

如果不是受益于《美国军人权利法案》，这些学生中的许多人都无法负担教育开销。因此，这些博士候选人群体的背景比通常要更多元：有更多来自工人阶级背景的人，也有更多从事蓝领工作的人，少了些准备接受"常识"教育的人，多了持非主流政见的人等等。

出于这些原因，新的教师群体感觉到旧教科书不论怎样与时俱进，不论对领域内的变迁如何作出新的解释，也不是他们理想中的教材。比如说，常规教科书会理所当然地认为，社会希望彻底消除那些容易发现、无疑是"坏"的"犯罪"，而社会学的职责则是找出问题产生的原因和有效的根除办法。再比如"婚姻与家庭"课程应教给学生的是夫妻离婚的原因以及如何避免这种问题发生在自己身上。

新教师群体带来了更丰富的经验，有许多新想法，并做了很多有趣的新研究——这就是他们想要教学的内容。他们尤其想要"研究专著"，也就是那些能展现处于不断发展中的社会学的书，那些曾让他们在学习社会学时感到兴奋的书籍，它们能让学生们知道，社会学领域要远比为应付考试而背诵和照葫芦画瓢的知识点要丰富得多。但那样的书通常价格并不友好，于是教师们要不停地要向"旅行推销员们"（travelers，出版商外派的教材销售人员）索要**有趣**的研究报告。

《局外人》符合这样的需求。这不仅仅是因为它有着非常规的内容。不同于教师们在战前和战后给学生的指定阅读材料，《局外人》更浅显易懂，文字更好理解，也不那么学术化。它不会不加批判地接受那些形塑了标准教材论点的传统判断。

当时的自由出版社正是此类作品的主要出版商，而这可能就是他们想象中《局外人》会迎合的需求。

多数大型教科书出版商迅速改变了他们的产品，以满足"实际消费者"——教师们的新需求，因为是他们在选择学生的阅读内容。20 世纪五六十年代的主要教科书出版商，如鲍勃斯-梅里尔（Bobbs-Merrill）、John Wiley 和 Prentice-Hall，都开始争夺几年前只能由学术出版社出版的研究报告。新的出版公司也加入了竞争。

教材体系和与之相关的一切并没有消失。但现在它有了一个强大的竞争对手。

《局外人》: 一本"可读"且"有趣"的书

《局外人》并未发明出后来被称为"越轨"的领域。其他学者在之前就已关于类似主题出版过专著［特别是 Edwin Lemert（1951）和 Frank Tannenbaum（1938）］。

但《局外人》与这些早期路径在几个方面有所不同，这使它对新教授们更具吸引力。本书清晰的文笔并不是我的功劳。我的老师们都很优秀，我的导师埃弗里特·休斯（Everett Hughes）指导了我的论文，后来还与我在几个研究项目上有密切的合作。而他就是清晰写作的推崇者。他认为不必使用空洞、抽象的术语和冗长的句子，因为你在写作中能轻松地找到简明的词汇、易懂的短语来表达相同的意思。他时常这样提醒我，于是我也就一边反思，一边去寻找简明的词汇、短句和清晰的陈述方式。一旦发现自己的写作语言过于学术化，我就会重新修改。

　　除了比当时许多社会学著作更浅显易懂以外，《局外人》也受益于它诞生时代——20世纪60年代初期的政治和文化氛围。它没有将传统道德视为理所当然，而是将其视为另一个研究课题，像其他社会现象一样进行记录（这条路径的副产品之一——完全遵从我收集的证据来报告研究——让我在社会学期刊上发表了第一篇文章，其中"fuck"这个词以完整的四个字母出现，没有用短横或其他委婉语代替）。

　　本书有一半内容由经验研究组成，记录详尽，包括了（我通常是用研究对象的原话来描述他们的活动或想法）令新一代大学生感兴趣的现象，这种吸引力是那些更抽象的理论化研究或以"科学"方式进行的非个人化的研究报告所从未有过的。我自己做田野调查，并以第一人称的叙述方式来写作，这引起了学生们的兴趣。

　　我一直在阅读类似《街角社会》这样的范例，威廉·富特·怀特（William Foote Whyte）在这本书里对波士顿一个贫困社区进行近距离的准人类学研究；还有《黑色都市》（*Black Metropolis*），圣克莱尔·德雷克（St. Clair Drake）和小霍拉斯·凯顿（Horace R. Cayton）在这本书里以类似的近距离细腻手法描绘了芝加哥南区的黑人社区——尽管这个研究范围要大得多（阅读这本著作让我将研究生的主修领域从英国文学转向社会学，但那又是另一个故事了）。

　　我写到的音乐人，那些在酒吧和其他卑微之地工作的音乐人，他们演奏的音乐在一定距离外听来会带有一种浪漫气息，而这种感

209

觉无法在近距离体验中被感知到。书中的这些陌生环境让许多大学生接触到一种崭新的现实。我在文中写到一些音乐人吸食大麻，而有少数乃至更多的大学生中也在尝试或试图享受大麻（正如书中分析所显示的那样）。这些话题或多或少与学生自己的生活相关，这使与学生一样对毒品和音乐感兴趣的教师乐于将这本书作为指定阅读材料。这本书就这样成为本科课程的标准教材。

那时发生的另一件事使这本书变得倍加有趣。

在当时，社会学正在经历着它的一个阶段性"革命"，研究者开始重新审视和批判种种理论框架。强调贴"标签"在越轨生涯形成中的作用有一种非传统的意义，因为它将传统的道德判断视为资料，而非显而易见的真理。那时是20世纪60年代初，传统社会学（尤其是低阶教科书中的那种）仍常常通过问"他们为什么这么做"来研究犯罪和其他不良行为。它假设不良行为人的某些特点导致人们（特别是那些由教养和阶层环境导致他们以"错误方式"行事的人）违反被广泛接受的规范，并偏离了"正常"的生活，而所有公认的理论告诉我们，所谓"正常"的生活是人们在社会化中接受的。

当时的各种理论对于各种反社会行为的主要原因也各执一词，比如酗酒、抢劫、入室盗窃、吸毒、不当性行为，以及一长串的其他"坏"的行为。一些人认为原因在于行为不当者有精神问题——他们个人的性格缺陷引发了他们的行为（不论这个"行为"具体是什么）。另一些偏社会学视角的人则将其归咎于人们所处的情境，是情境造成了他们被教育要去争取的东西与在现实中达成目标的可能性之间的差距。被教育要对不受限制的社会流动抱有美国梦的工人阶级青年，后来发现自己受到社会结构障碍的阻挡（例如无法获得可以使这种流动成为可能的教育机会），随后可能会转向犯罪等越轨性的流动方式。

但新一代的社会学家对这些理论并不苟同，他们有可能成长于并亲身体验过"导致犯罪"（criminogenic）的环境，其个人经历更容易使他们对当下社会制度持批判态度，更不愿去认同刑事司法系统从未犯错的说法，也不愿轻信所有罪犯都犯了被控罪行的观点。这些社会学家在各种资源中寻求理论支持。许多人发现了马克思主义路径对资本主义病态效应的解释。有的人——我就是其中一员——在昔日几乎被遗忘的社会学理论里发现了一个坚实的基础，而它的视野是研究者们在研究犯罪及被当时称为"社会解组"的领域时不知为何忽视的。

简言之，对社会生活这些方面的研究，是由对解决平常人们眼中的"社会问题"感兴趣的人完成的："社会问题"是给以解决"那些"问题为工作的人带来麻烦的事和情境。这使犯罪成为一个需要有人去解决的问题。但事实并不尽然。许多犯罪一如既往地被容忍，因为太难控制它们，或者有很多并不直接相关的人会间接从中获利。这些人通常是一个组织，其成员的职责便是处理这个问题。因此，所谓刑事司法系统——警察、法院、监狱——通常负责消除或至少遏制犯罪。而其周围的社会则为此买单。

与所有职业团体一样，刑事司法组织中的人员需要维护自己的利益和立场。他们理所当然地把犯罪的责任归咎于罪犯，而且他们对罪犯是谁毫不怀疑：他们的组织会定期抓捕、起诉、定罪和监禁一批批人，而罪犯就是这些人。因此，他们认为重要的研究问题是："为什么被我们认定为罪犯的人会出现被我们认定为犯罪的行为？" 212 这条路径导致他们及许多持相同观点的社会学家根据这些组织生成的统计数据来理解犯罪。统计学家依据向警方报告的犯罪案件来计算犯罪率，但这并不一定是准确的度量。受害者常常不报案，警方也常常会为了向公众、保险公司和政界人士表明业绩而修改数据

（我在另一本书中作了更全面的分析，见 Becker，2017，121—128）。

理解犯罪的另一条替代路径出现在社会学传统中，其根源可追溯到托马斯的名言："如果人们将情境定义为真实，那么它们的结果就是真实的。"（Thomas and Thomas，1928，572）也就是说，人们的行动基于**他们**对世界的理解方式，而这并不见得是**我们**对世界的理解方式。以这一传统进行研究的学者不会认同警察和法院判定的所有犯罪就一定是犯罪。他们认为，且他们的研究普遍证实，被称为罪犯可能与此人实际的行为没有必然联系。或许相关，或许无关。它们之间可能相关，但并非自动或一定相关。这意味着根据官方统计的犯罪和罪犯数据作出的研究很可能充满错误，而纠正这些错误很可能会得出截然不同的结论。

这一传统的另一方面则坚信，情境的每个参与者都对结果负有责任。因此那些本职工作是界定和处理犯罪的人们的活动也是"犯罪问题"的一部分。犯罪的发现者和犯罪斗士通常会基于他们的工作成果来被评判。所以犯罪统计数字的上升可能简单地反映了上级"给我们一些更漂亮的数字"的施压，以此表明警方正在努力获得被政治认可的结果。研究者不能只看表面就接受这些团体的说法，也不能直接把它们作为进一步研究的基础。这可能与常识背道而驰，但它得到了有趣、新颖且更真实（这一点最重要）的结果。

因此，举例来说，当更常规的研究路径可能在探寻犯罪在心理学、社会学上的因素或变量，我却在考虑人们为求快感而吸食大麻的原因，且并未假设这些变量在起作用。以阿尔弗雷德·林德史密斯对鸦片类药品成瘾的开创性研究（Lindesmith，1947）为榜样，我的研究问题不是问"为什么有人会**成为**大麻成瘾者"，而是问："从未吸食过大麻的人如何学会达到前所未有的快感？"随后则是追问："他们是如何学会定义这一结果，并将其阐释为快感的？"

如今，人们普遍认为每一种新方法都会引起科学史学家托马斯·库恩（Thomas Kuhn）所说的"科学革命"（Kuhn，1970）。但我会说我研究越轨的方法并不是一场革命，而是一个遵循技艺传统的优秀社会学家会使用的路径。如果可以的话，你最好说这是一场反革命，因为它使这一领域的社会学研究回归正轨（参见Cole，1975中的有趣的讨论）。

我从讨论犯罪开始，但现在，在上一段话中，我改变了措辞，并开始将这一研究领域称为集中讨论"越轨"。这种变化将我们的注意力转向了一个更普遍的问题，而不是关注谁犯了什么罪、为什么犯罪。它引导我们转而关注各种活动，并注意到世界各地的人们在参与集体行动时——无论他们一起在做什么——都会将某些事情定义为"错误"，并往往会采取行动去阻止人们做出被他们定义为错误的事情。这些活动并非在任何意义上都是犯罪。一些规则仅限于特定群体内：犹太人和穆斯林的宗教要求他们不吃不符合教规或不清真的食品，但不信奉这些宗教的人可以吃任何他们喜欢的食物。一些规则只在特定区域的活动中执行。体育和游戏的规则便是如此：你在下棋时如何移动棋子并不重要，除非你是在和一个严守规则的人下棋，而对违反规则的制裁都只发生在国际象棋界。在这些社群中，制定规则和寻找违规者的过程相同。

在另一个方向上，一些行为会被普遍认为是不正确的，但既没有适用的法律，也没有有组织的系统去找出违反非正式规则的人。其中一些显然不值一提的行为，却可能被视为未能遵守礼仪规则（比如你不分场合和时机的打嗝）。如果你在街上自言自语（除非你在使用手机），那就显得有点反常，让人们觉得你很奇怪，甚至认为你疯了，但多数时候没人会对此做些什么。但这些反常行动有时不仅让人觉得你粗鲁或古怪，甚至还会令他人认为你患有精神疾病，

214

随后可能对你进行制裁并送进医院（Goffman，1961）。

　　戈夫曼、我和许多其他研究者使用"越轨"一词来涵盖所有的可能性，并使用比较的方法来找出在许多情境下以多种形式存在的一种基本过程，其中则只有一种被定义为"犯罪"。我们的诸多阐述引起了大量关注和批评，我在本书的第十章对其中一些作出了回应。关于这条路径的细节讨论仍在继续，我没有在这里更新它们（即使我更新了，修订也很快就会过时）。

　　即便如此，如果我要修改自己之前关于这些问题的说法，我会非常重视巴西著名城市人类学家吉尔贝托·韦利乌（Gilberto Velho）的一个观点（Velho，1976；Velho，1978），我认为这也澄清了一些读者先前难以理解的含混之处。他建议我们对研究方法稍加调整，215　把研究做成对**指控**过程的研究，提出如下问题：是谁指控了谁？他们指控这些人做了什么？如果指控的意思是被其他人（或至少被一些人）接受和采取行动，那么在什么情况下这些指控是成立的？

　　我很久以前就停止了在越轨领域的研究。但我在自己从事多年的艺术社会学研究［例如，Becker，1982（2008）］中发现了类似思路的一个更有用的版本。什么是"艺术"，什么不是"艺术"，究竟怎样的物品或表演可以获得这个尊贵的称号，从未有过清晰的界定。不同之处在于，就艺术而言，没有人会介意自己的行为被称为艺术——事实上他们可能更希望能获取这个词——所以这是同一个过程，只是我们好像在看一面镜子。该标签不会像越轨标签通常的那样伤害被贴上标签的人或作品。相反，它为它们增值。

　　我这只是说，已固化为越轨理论的生成性的洞察力仍可用来发现和探索有趣的现象，并生成有意思和值得研究的想法。

第十二章 为什么我不是
大麻合法化的原因

我的朋友及一些我完全不认识的人，偶尔会因为大麻在美国不同地方的合法化（这可是大麻，我们在开玩笑吗？）而祝贺我。我不会说有多少州通过了这样的立法，因为当本书付印时，数字有可能变了。这个数字一定比我或任何一个同行在 20 世纪 50 年代初做本书前文提到的研究时猜测的要多得多。

他们向我表示祝贺，但我觉得他们其实更高瞻远瞩，是在为自己的整个领域庆祝——因为这是社会科学研究影响公共政策的一个清晰案例，也几乎是所有社会学家觉得可以实现的目标。其实，许多社会学家在决定研究课题和工作框架时都会期待能最终达到这样的结果。

拒绝他们的赞美时我很抱歉，但我的良知让我自己要在感到更加难堪之前澄清错误。

这并不是说我觉得自己的研究做得不好或无趣，也不是说它对舆论毫无影响。但我的记忆不想过分夸大自己的"成就"，也不会让我逃避如此显而易见的不实之词。

因为这不是舆论和公共政策发生巨大转变的方式。社会学思想
218 和研究对这一过程有一定的意义，但个人经验告诉我，社会学充其
量只是变迁过程里的一个小角色。

当代政治评论家喜欢谈论舆论及其与社会其他部分之间相互影
响的方式。大多数谈论这些事情的人可能并未多加思索，就会常常
想起报纸和电视上引用的民意调查："一项新的民意调查显示，候选
人 X 遥遥领先于她的对手"，或"最近的一项民意调查显示，越来
越多的人在开车时用手机打电话"。你让许多人在"你要给谁投票"
等特定问题的多个选项里作出选择，然后统计他们的答案，并确信
"公众"会在选举日到来时投票，不管票是投给哪 位候选人。通常
他们还会提供一个预期的误差范围（"误差在 2.5% 以内"）。

此类舆论研究引起了许多关注，并且大多数社会科学家（以
社会学家为主）接受把这种模型作为开展研究的正确方式（或至少
作为其中一种正确方式）。但并非所有人都是如此，而且让我们应
该相信这些研究的理由并非如其所述的那样令人信服。我在芝加哥
大学的一位老师赫伯特·布鲁默（Blumer, 1948）就不赞成将民意
调查作为研究方法，不仅如此，他还谴责它完全误解了社会学可能
和应有的作为。在他看来，民意调查——以及作为其基础的舆论观
念——完全误解了它声称要描述的现实的性质。对布鲁默来说，舆
论只包括你所谈论的事件中的主要行动者，却被认为是"每个人的
想法"，而这些想法反过来塑造了其他人对待当前事件的方式，并又
反过来塑造了当前的冲突，并最终塑造了社会和政治现实。

他的方法影响了我对美国（无疑还有其他地方）大麻政策如何
219 产生变化的思考方式。自 20 世纪 50 年代初以来，我就一直在思考
这个问题，并目睹了神经科学研究的介入，以及这类研究对于"娱

乐性药品"的相关舆论所形成的影响。

著名的麻醉品政策史学家南希·坎贝尔（Campbell，2007，p.2）指出了我想讨论的第一个问题，她提出："科学探究对人们用以理解吸毒的相关词汇和逻辑的转变影响深远……并且也促进了科学研究、临床实践和社会政策的交汇。"而与吸毒有关的讨论和政策制定正是借此产生的。

描述大麻吸食的科学语言日渐增多，也影响着对毒品政策提出和回答问题的人们的思维方式，从而影响随后出现的这些问题的解决方案。换句话说，政策制定者可谈论的内容受到他们在更大范围的对话中与人们（尤其是科学家）共享的谈话和思考方式的限制。

一个简单的例子来自另一个调查领域。许多年前，社会学家格特鲁德·塞尔兹尼克（Gertrude Selznick）告诉我，她在北加州进行例行民意调查时曾有过一个奇特而充满启发的经历。她的访谈者向人们提出的一个问题是："在过去的一个月里，你是否听到过反犹太人的言论？"许多人都会回答："你不知道现在已经没人这么说话了吗？"我们可以将舆论视为是大多数人认为在理、明智或符合常规的，并可以在**公共场合**发表的言论，因此，舆论也是你在日常生活里可能有所耳闻的内容。因此，关于毒品，尤其是大麻的舆论也是这样。

接下来的故事是关于被普遍使用的词汇和隐喻是如何构成感兴趣的公介的共同观点，它最初是在小部分科研人员和大麻吸食者中逐渐发展起来，随后在更大范围的人群里被理解为"人们的想法"，220 从而再到"我们可以谈论什么""问题是什么""我们对此可以说些什么"。这是有关大麻的谈论和思考方式如何逐渐成为"大多数人"有关大麻的谈论和思考方式的故事，这让大麻合法化开始看上去对"所有人"都合理。当然，这并不是所有人，但也是一个足够大的数量，你如果说诸如"大麻是一种必须被禁用的危险药品"这样的话，就必定会与他人陷入一场争论，而这个争论者是不能被轻易否定的。

我要讲的故事是基于我自己的见闻，而这又要考虑到我在大麻方面的角色、所处境遇和所作所为。然而，它比我的随性回忆更重要，尽管我直到现在故事暂时完成时才认识到这一点。

1950 年关于毒品的舆论

我要讲的故事始于这样一个时期——有关毒品的舆论主要依赖于少数医学和药理学实验者小群体的想法和公开声明，这些实验者通过与联邦政府的关系，有效地垄断了当时对被专门称为"麻醉品"的事物的研究。首批此类组织中的一个，也是最广为人知的一个，是 1935 年美国公共卫生局与联邦监狱局合作在肯塔基州莱克星顿开设的一座新的"麻醉品农场"。这座集监狱和医院为一体的机构在 1948 年后还开设了研究所，即成瘾研究中心（Addiction Research Center，ARC），旨在开展有关麻醉品成瘾原因及其可能治疗方法的科学研究。该中心的研究重点是鸦片类药品成瘾（吗啡和海洛因），但也逐渐对大麻的吸食和吸食者产生了间接的研究兴趣。

有几个名字在莱克星顿成瘾研究中心的故事中反复出现（全面而有洞察力的记录见 Campbell，2007）。劳伦斯·科尔布（Lawrence Kolb）、哈里斯·伊斯贝尔（Harris Isbell）和亚伯拉罕·威克勒（Abraham Wikler）都成为了著名的研究员，而伊斯贝尔在这个故事中非常重要。他们与研究中心（以及哈佛的一个不太专业的研究中心）的其他年轻同事（以及哈佛大学的一个专业化略低的研究中心）构成了麻醉品，尤其是鸦片类药品研究的中心。他们以外就没有人

221

对当时的非法药品开展研究。当需要专家在听证会上作证或与媒体访谈时，出席的几乎总是成瘾研究中心的某个专家。他们都致力于对吸毒成瘾的一些生理和心理解释作出各种组合，如果这些解释是正确的，他们还会提出相应种类的治疗和监管行动。

哈佛和莱克星顿的研究中心都长期面临困扰药物研究的问题。他们进行人体实验的方式是否合乎伦理？如果合乎伦理，他们的实验设计如何区分"无经验的"受试者（即从未服用过麻醉品的人）和"有经验的"受试者（即曾经的吸毒者）？而且，在这两种情况下，他们如何解决不可避免的"环境和状态"（setting and set）的问题？实验环境所传递的信息如何与受试者先前的毒品经历及信念相结合，并使他们以会对研究结果造成影响的方式思考？

这些人在垄断领域"专家"职位的那些年中，我从未听说过他们公开发表过任何关于大麻的声明。但我在开始开展自己的毒品研究之前，就已经对他们的作为有一定的了解。

我通过朋友的介绍认识了印第安纳大学的社会学家阿尔弗雷德·林德史密斯，他在那之前就已经发表了一篇用社会学术语来解释鸦片成瘾的论文，这与当时莱克星顿的研究者及其他联邦政府人士所宣扬的"是什么构成了舆论"的观念背道而驰。在一个非正式的场合下，林德史密斯（朋友都叫他林迪，我们日后也成为了朋友）给我讲了一个他认为对考虑从事毒品研究的人来说会有趣的故事。

他曾个时访问莱克星顿，并和威克勒等研究者熟悉到可以进行严肃的理论争论，他认为这是不同领域的人在争议性话题上很可能产生的分歧。但是有一天，一个自称联邦麻醉品管理局专员的人来到他位于印第安纳大学的办公室，并称林德史密斯正在撰写和已经发表的关于海洛因成瘾的错误文章已经引起了局长的注意，让林德史密斯必须就此打住。林迪当然争辩说，政府专员为何要来象牙塔 222

里纠缠一位可怜的教授，而不去追捕那么多的毒品走私犯。这位来访者的回答是，抓捕毒品走私犯只是管理局的职责之一，而另一个同样重要的职责是确保"适当信息"的发布，并防止"错误信息"的传播（在我所谈论的语境里，他可能会说林迪妨碍到了管理局所认可的"常识"版本）。他暗示，如果有必要，他可以安排搜查林迪的家或办公室，并会在那里找到毒品。

然而，林德史密斯在法学院有一位朋友，他恰好同年在华盛顿特区。于是林德史密斯打电话给这位朋友，并告诉他这件事，想知道麻醉品管理局是否真的能够这么做。朋友说他会去调查一下。几天后，管理局又来了一个人，他向林迪保证那次威胁并没有发生过。但是，如果是这样的话，新来访者向他保证根本没有什么可担心的。林迪从此再也没有听说过这件事。但多年后，在麻醉品管理局局长哈里·安斯林格（Harry Anslinger）去世后，他的官方文件被公布于众，而约翰·加利赫（John Galliher）和他的同事在1998年公开了一份完整的记录，描述了安斯林格长期而深入地想阻止林德史密斯对更合理的毒品政策的持续推动——尽管从未成功。

223　　因此，在相对有限的毒品研究圈中，得到政府支持的莱克星顿成瘾研究中心、哈佛的科学家，以及麻醉品管理局的人都以某种模糊的方式塑造了舆论。

在后来的几年里，我偶尔会想自己是否会遭遇类似的来访者。但不知为何，这在我身上从未发生。这是意味着政策的变化，还是我的研究（我从未写过批判联邦毒品政策的文章）根本不值得他们费心？

我还想知道是谁向管理局检举了林德史密斯教授的不当观点。很难相信莱克星顿研究中心的科学家们会这样做。但如果不是他们，那这又是怎么发生的？我开始相信安斯林格有专员来负责审查科学研究的内容，从而尽可能地控制舆论。

我作为大麻研究者的历史

在成为大麻研究者前，我曾吸食过大麻。更准确地说，我初次接触这种毒品就是我研究的开端，尽管当时的我并不知道这一点。以下就是事情的经过。

我 16 岁时，是芝加哥的一名钢琴家，当时正与毗邻的埃文斯顿西北大学的一个校园乐队合作演出（虽然我不是那里的学生）。另一位乐队成员是比我年长一岁的萨克斯手，他在中场休息时邀请我跟他一起去停车场。他拿出半品脱杜松子酒，问我要不要喝一杯。我不想被视为老古板，就直接拿起瓶子喝了下去。之后的那周，他见我是个规矩的好学生，就拿了一支大麻烟卷问我要不要爽一下。我之前从未试过（虽然我知道他给我的是大麻），但也欣然接受，并很快意识到这比从瓶子里喝杜松子酒可要过瘾得多。

所以可以说，我接触到吸毒者，是因为我也是其中一员，而且我的行业里也有很多人在很自然地吸毒。我在本书第三章的论文中讨论的正是日后成为我研究重点的问题——人们第一次吸食大麻时通常不会获得"快感"——而这是我常在新手吸食者身上注意到的事。每一名吸食者都有过这种体验。但我那晚在停车场的观察一点用都没有，因为我当时还没有足够多的社会学知识来认识到它的重要性。

后来，在我研究生课程学习中，我阅读了林德史密斯的《鸦片成瘾》（*Opiate Addiction*，1947）并深受其影响，这本鲜有人知的书挑战了一种传统观念，即认为鸦片类药品成瘾是准成瘾者在遭遇心理问题时的个体解决方案。林德史密斯的解释则完全不同。在采访

224

213

了大量成瘾者后，他论证说，一个人成为鸦片成瘾者的过程是，服用足够多的鸦片类药品（通常是吗啡或海洛因）而达到生理上的适应，然后戒除（通常是非自愿的）一定的时间后引起随之而来的生理痛苦，最终需要通过重新服用以缓解这些症状。林德史密斯表明，成瘾的特征是对下一次吸食的强烈需求，不论重新吸食的途径如何，而当吸食者**认识到**毒品与戒断症状之间的**因果关系**时，他就会成瘾。从那时起，他们就开始变卖家产、抢劫药店或不惜代价去得到下一次的吸食剂量。

林德史密斯的著作将我指向了一个社会学的解释，回答了我之前提到（并反复观察到）大麻效用的奇怪特征：人们第一次吸食时通常不会获得"快感"。他们必须去学习观察和阐释他们吸入烟雾所带来的效果。

几年后，我拿到了社会学博士学位，并发表了收录在本书里的几篇关于音乐人的论文。然而，我找不到一份社会学的教职，尽管当时我还在以弹琴为生，但我也在寻求作为社会学家的职业发展。我从小道消息得知，一个名为青少年犯罪研究所（Institute for Juvenile Research，IJR）的当地组织的研究人员大多曾在芝加哥大学学习社会学，这一机构获得了大笔资金从事青少年吸毒研究。我的兴趣点与他们获得资助的目的无关，但我说服他们雇用我，让我用一年时间来采访大麻吸食者，这样我就可以继续发展受林德史密斯启发而获得的想法。我开始采访所有能找到的大麻吸食者，我认识的受访者又为我介绍了更多朋友，于是我最终完成了五十人的访谈，这个受访人数也算可观了。

至此，我已了解社会科学研究界对大麻的舆论是什么。我在少年犯罪研究所的同事无法理解我对大麻研究的兴趣——毕竟它不被认为是一个主要的社会问题——而且他们对它能在一个不同却相关的现象上检验林德史密斯观点的适用性的论点不以为然，但他们能支付我一年的微薄薪水，我也就满足了。显然，专业的意见认为这样的兴趣点有些古怪，但至少值得深入研究。

多数对我的研究有所耳闻的人都有相同的反应。当我告诉他们我的研究发现时，他们最常问的问题便是："你为什么要研究这个？"当我在中西部社会学学会的会议上第一次介绍我的论文时，现场只来了十一个人。显然，"大麻"并不是你想象中"性感的"话题。十一个与会者中有提问的基本都在问："你为什么要研究那个？"他们还指出大麻的吸食还不构成一个"问题"，我把它理解为还不是标准教科书术语中的"社会问题"，因而也意味着不太可能获得正经的研究经费。

我的论文被几家期刊以同样的理由拒绝，最后只有芝加哥大学的《美国社会学杂志》决定刊登，并由我的论文导师埃弗里特·休斯负责编辑。如果不是因为休斯的那一点偏袒，它可能根本无法发表……

据我所知，我的论文中唯一有可能被认为对社会学具有时新价值的是，它是第一次未将大麻吸食行为称为"大麻**滥用**"（marijuana abuse）的学术出版物。我只是将这种行为称为"大麻**使用**"（marijuana use），拒绝更惯常的说法，因为后者理所当然地认为这种行为会对使用者产生负面影响。没有人觉得去掉一个音节会带来多少改变，但这也是一个趋势，日后越来越多的人开始对这种物质有了更切实际的看法。

226

日渐壮大的毒品研究共同体

这种"无趣"的状态并没有持续多久，毕竟有大量事件开始让大麻变得"有趣"，也有种种相互独立的原因催生了一个由各领域研究人员组成的共同体，他们会分享有关大麻效用的一些新认识。这是我们所谓的有关大麻的"舆论"发展中的重要一步——你可以在公共场合发表言论而不受质疑。

社会科学家和心理学家之间的动态

1965年秋天，我接受了西北大学的正教授职位，这是我的第一个大学正式教职。在那之前，我一直是人们常说的研究游民，即没有大学永久教职的人，光靠研究资助生活。

几乎是我刚到西北大学时，我在大麻方面的专业知识就变得非常重要。一些大学生因持有大麻而被捕。大学管理部门立即作出反应，而这不久后也成为对这种日渐频发的事件的标准反应：他们组织了一场有当地专业人士参加的大型公共活动（可以被称为研讨会或会议）。他们现场有一个真正的"专家"出席，那就是一名在知名期刊上发表过相关论文的社会科学家——我。我还唯一记得的其他与会者是西北大学学生健康服务部主任，他是一位在我看来非常通情达理的医生，他不编造任何耸人听闻的故事或"事实"。我不记得我们讨论过什么，但我确定整个专家组无人提出压制性的意见。

不过，让我最获益匪浅的是在活动后的闲聊环节。当时，我问学生健康部主任，大麻是否确实成为了西北大学学生中的一个问题。他的回答是否定的，他认为大麻完全没有成为一个问题，也从来没有人因为大麻相关的问题而来到学生医疗机构。"那什么才是大问题呢？"我问。他的回答是酒。他提醒我，埃文斯顿是基督教妇女禁酒联合会的大本营，这是唯一还存在的主要反饮酒组织，而埃文斯顿长久以来都是禁酒的。在当时，你在这个城市的任何柜台都点不到一杯含酒精饮料，如果我没记错的话，你也不可能买到瓶装酒。

这种小型禁酒令有一个可预期的后果。想要喝上一杯的学生会跳上车。开到附近的郊区斯科基（Skokie）镇或是相同距离的芝加哥，开怀畅饮后醉酒开车返校，这常常引发交通事故，有时还会有人受重伤。

他说，酒精还会导致其他类型的创伤，包括醉酒斗殴和（下列措辞会让人想起后来关于迷幻药的指控）"从窗户跌落、被推下或跳下"等情况。

本以为故事到此为止，但西北大学当然不是唯一遭遇此类警察与学生互动的学院或大学。很快，不少其他学校的学生就与当地警察发生冲突，其中一些学校借鉴西北大学的解决方案：举办研讨会来探讨新的毒品问题——大麻。

于是，我参与了一场由"专家"组成的学者巡回盛会，尽管我们中间没有一个人真的是毒品问题专家，但团队主要由心理学家、精神病学家和偶尔出现的法学教授组成，这样的人员配置对于一两天的项目来说绰绰有余。由于没有多少人符合这类研讨的基本资质，我们这些已有能力和意愿做这项工作的人就会经常受到邀请，可能一年会多达四到五次。

228

你可能会想到，在活动上讲演的学者们私下能互相认识，有时会更熟一点，并足以谈论共同关心的话题。有时我们会谈论我们的研究方法。其他小组成员大多是心理学家，他们主要在实验室做实验。他们认为我的田野工作有点奇怪，并且经常质疑我研究结果的有效性。但我们常常能以一致的无偏见的方式看待毒品。我们都认同西北大学学生健康部主任的观点：对大麻和致幻剂的所谓危害持怀疑态度，并认为酒精比这些药品给学生和管理人员带来更多的麻烦。

这意味着因为所有人都例行公事地接受了专业人士群体的专业

知识，他们可以产生一定影响力，并实际上在日渐增多的关于毒品的公共讨论中，可以在很大程度上影响到可以说而不用担心冲突的话题。那些有关大麻的耸人听闻的言论变得很难参与讨论，而想要用"科学成果"作为压制措施理由的大麻批判者也很难自圆其说，因为任何倡导禁毒行动的人都必须准备，去迎接对他们为支持禁毒措施而提供的"事实"的批评，而这些批评的依据是发表在知名同行评审期刊上的研究。

社会科学家的影响力远不及日益参与公共讨论的医学和自然科学家，尤其是药理学家，但他们的意见也颇有分量。

波士顿审判

1967 年 9 月，波士顿一位名叫约瑟夫·奥特里（Joseph Oteri）的刑事律师为两名被控非法使用大麻的年轻人辩护，以此案件挑战州法律是否符合宪法，理由是"将大麻归类为危险药品是不合理和武断的，而残酷而不寻常的严厉惩罚违反了美国宪法第八修正案"。他是在事务所的一些初级合伙人的敦促下提起诉讼，他们认为即使本案败诉，也能创建一个审判记录，它可以作为证据用于其他案件或司法程序。该记录将包括大量专家证人基于专业知识和经验的证词，说明大麻不会构成医疗等方面的危险，没有理由执行限制性法律来批准逮捕。

这个由奥特里和他的初级合伙人哈维·西尔弗格莱特（Harvey Silverglate）诉讼的案件主要根据约三十位各领域专家的证词，他们证明了大麻并无危害性。我也是其中一员。

我必须依靠回忆才能记起之后的事。如"我们"这一方的其他证人一样，我没有从作证中收取任何费用，但最终获得了一份装订好的审判记录副本，可惜这份记录在地下室淹水时不幸被毁。因此，在阅读以下内容时，请你牢记这都是基于"尽我所能的回忆"。

当我到达并入住酒店时，审判已经进行了好几天，我将与另外两位来自旧金山的证人共用一个套房，而我之前对他们略语耳闻。戴维·史密斯（David E. Smith）是海特–阿什伯里（Haight-Ashbury）免费医疗诊所的创建者和负责人，他可能比美国国内任何人都了解各种所谓的娱乐性药品的使用者，其中有许多人在"爱之夏"活动期间来到旧金山。安德鲁·韦尔（Andrew Weil）最近获得了哈佛医学院的医学博士学位，他在那里完成并发表了第一批（如果不是事实上的第一篇）关于大麻吸食对驾驶能力影响的严肃实验室实验——当然这是一个仍然存在争议的问题（Weil et al.，1968）。两位医生都在攻读药理学学位，以达到他们的医师资格。我们在一起彻夜长谈。

第二天，我们在审判上第一次见到了检察官詹姆斯·圣克莱尔（James St. Clair），他曾在1954年与著名的陆军麦卡锡听证会上协助约瑟夫·韦尔奇（Joseph Welch）的工作。他将会是在我们完成直接询问之后来询问我们的人。当时他正在讯问他那一方的一位专家证人，这些证人（有人告知我们）是毒品案件的半职业的证人，早已备好大麻如何具有危害性的证词，以证明法律的合理性。其中一位证人还不远万里从印度过来。我们中没有一个人听说过他的名字，事实上也没有听说过其他检方证人的名字。不论如何，似乎他们中无人对"我们"一方提出不利证词。而圣克莱尔也没有我们之前惧怕的那般难对付。事实上他看起来毫无准备，对大麻所知甚少。他的提问都不深入，我松了一口气。

那天下午，我被传唤作证。圣克莱尔手里拿着我的一篇文章的副本，引用了在我看来是从文中随意挑出的句子，并请我作出解释。其间他一度说道："你是在告诉我，当有人吸食大麻时，这与我从办

230

219

公室下班回家放松喝一杯马提尼没有不同？"他似乎对我有这样的想法感到震惊。我回答说："是的，我就是这个意思。"但随后西尔弗格莱特宣布休庭并把我拉到一边，告诉我不能太傲慢，也不要把圣克莱尔当成傻瓜。我听从了他的建议，表现得温文尔雅，但我没有给圣克莱尔任何可供他做文章的素材，于是他放我走了。在我记忆中，这个案子是在庭外和解的，以避免构成一个判例。但该记录依旧存在，我也相信这有可能还存在于国内其他地方的案例中。

231 　　我第二天就离开了，那时有种强烈的感觉：你可以在公共场合发表自己知道的有关大麻的事实正确的言论，且不会因此惹上麻烦。这并非小事一桩，特别是当你看到许多人这样做也同样没惹上麻烦时。

　　我不是唯一一个注意到这点的人。法庭上的每个人都有相同的经历。在我看来，当时的"舆论"似乎可以理解为"你可以公开发表而不会受质疑或反驳的言论"。这在日后的两次经历中成为一种越来越实用的思考方式。

自然科学家开始寻求更好的证据

　　直到我现在要描述的事件发生之前，几乎没有人对大麻的药理学进行认真的研究。即使是成瘾研究中心团队的活跃成员——主任哈里斯·伊斯贝尔和亚伯拉罕·威克勒——也主要关注海洛因和其他鸦片类药品（详见 Campbell，2007；Campbell，Olsen，and Walden，2008）。但他们也利用了与执法部门的特殊关系而得到的机会：可以合法获得他们所需的大麻，以及大量的实验受试者。

　　想要研究大麻的自然科学家必须与控制大麻合法供应的联邦官

员打交道。律师兼法学教授约翰·卡普兰（John Kaplan）描述了严肃的实验者获得大麻合法供应的必经之路：

> 尽管出于研究目的持有该药品在理论上是被准许的，但获得这种许可的实际官僚主义问题几乎不可逾越。因此，当威尔和津伯格（Zinberg）着手进行他们的第一次大麻双盲实验时，实际实验历时两个月，但获取联邦当局的西药许可却花了六个多月。当威尔在第二年想要在加州开展进一步实验时，联邦当局通过了批准，但州政府又拖延了九个月，先否决，然后又予以批准。（Kaplan，1970，pp.53—54）

232

更糟糕的是，即使你能获取一些药品用于实验，它们也只以植物的形式存在，而且不同的植株中四氢大麻酚（THC）的含量差异很大，因此你永远不知道受试者实际摄入了多少药物成分。结果就是你根本不知道实验究竟发现了什么。

梅舒朗与合成四氢大麻酚

这对于药理学、医学和心理学的实验人员来说是个严重的问题，但终于在1963年找到了解决方案——当时一位名叫拉斐尔·梅舒朗（Raphael Mechoulam）的以色列科学家合成了大麻植株中的活性成分（使人得到快感的东西），他将其命名为四氢大麻酚（Mechoulam and Shvo，1963）。随着物质能够以合法且方便测量的形式获得，严肃的实验便成为可能（然而，像威尔这样的研究人员还来不及避免卡普兰所描述的困难）。

时任美国国家心理健康研究所管理人员的伦纳德·杜尔（Leonard Duhl）认为这是好好研究大麻的机会。他利用自己在联邦医疗机构的特权地位，从梅舒朗的实验室订购了 10 克新合成的物质。然后，他在马里兰州贝塞斯达（Bethesda）的国家卫生研究院的研究中心召开了一次研究人员会议，讨论应该如何分配这些材料。我被邀请与会，但大概是为了充当社会科学的象征性代表。

会议开始时我在场，听完了杜尔对莱克星顿成瘾研究中心的首席科学家哈里斯·伊斯贝尔发表的恭敬的讲话："哈里斯，您是该领域的研究负责人。您认为研究中最重要的问题是什么？"器宇不凡的长者伊斯贝尔（我记忆中如此）若有所思地说："毫无疑问，这个领域最大的问题是长期用药而引起的生理和心理变化。"杜尔说："我假设您已有确凿的证据可以证明这些变化确实发生了？"伊斯贝尔给予了肯定的回答，而杜尔追问具体是什么。伊斯贝尔说："嗯，有一项来自摩洛哥的研究。"他指的是艾哈迈德·本阿布德（Ahmed Benabud，1957；引自 Kaplan，1970）的一项常常被引用的研究，研究的是当地一所大型精神病院收治的 1200 名出现严重精神症状的人，而其中 68% 的入院者曾吸食过"基夫"（kif），这是一种当地社会常用的含有四氢大麻酚的物质。

托德·米库利亚（Tod Mikuriya）[1] 当时还是一名年轻的精神科医生，他打断伊斯贝尔并问他是否亲自拜访过那家医院。伊斯贝尔的答复是否定的，而米库利亚则说自己曾经去过那里，也因此知道了伊斯贝尔不可能知道的事情：这家医院收治了数千名病人，但只有一名受过训练的精神科医生。这令人对严重精神疾病的诊断以及所谓"基夫"会引发疾病的推论（正如伊斯贝尔所暗示的）产生了严重质疑。

伊斯贝尔回应道，他之前不知道这一点。杜尔接着说道："哈里

---

[1] 托德·米库利亚（Tod Mikuriya，1933—2007），美国医生、精神病学家，是大麻医用和合法化的倡导者。——译者注

斯，我假设你还有其他证据能证明长期吸食大麻会导致精神疾病?"伊斯贝尔也许是意识到如果自己说是，就必须提供作为证据的文章及引文出处，于是他思索了许久然后回答说:"并没有。"

我对此不觉得意外，并觉得当时在场的许多人也并不惊讶，因为这是唯一可能得到的答案。但我知道，就在刚才发生了很重要的事情。吸食大麻会导致精神疾病或与精神疾病相关联的最主要的医学支持者，刚刚在少数有影响力的听众面前承认，他没有证据能证明这一观点。大麻禁令的一个关键支持力量刚刚消解于"我们曾经那样认为，但现在我们认识得更清晰"的土壤上，这是许多昔日盛行的医学理念的命运。

我怀疑在场的许多人若不是考虑到对自身职业生涯的影响，也许会反对伊斯贝尔的观点。这虽然不是什么大事，但也不是无足轻重。大麻不会成为任何一个与会者最主要的研究课题。会议开始前，我曾问一位参会者，问大麻是否是他主要的研究课题。他回答说不是，因为研究大麻要克服层层障碍，但它的确是一个有趣的研究课题，因为这种药品对心理有显著的影响，却几乎没有明显的生理影响。当药理学家研究一种药物时，他们会测量一系列常规的身体活动指标，如血压、心率、各种血液生化指标等等。大多数物质至少对某些指标有影响，而大麻却似乎没有。

因此，参会的专家们确实意识到了足够多的研究可能性，才决定参加这次会议——而会议的结果是，它剥夺了伊斯贝尔作为能影响立法和公共记录的无可争议的专家地位。

国家研究委员会报告

由于科学界对吸毒和饮酒（包括使用如 LSD 这样的新型"迷幻药物"）和其他可能被称为（虽然不是官方定义的）不良行为的研

234

究兴趣日渐增长，美国国家研究委员会（National Research Council）创立了一个"药物滥用和习惯性行为"研究委员会。在所有致力于毒品政策的官方组织中，该委员会成员首次包括了社会科学家——有约翰·卡普兰（法律）、朱迪思·罗丹（Judith Rodin，心理学）、特洛伊·杜斯特（Troy Duster，社会学）、迈克尔·阿加（Michael Agar，人类学）、托马斯·谢林（Thomas Schelling，经济学）和我。委员会定期召开会议，听取各委员所代表的各个领域的研究进展报告。会议通常很无聊，但我们开会以外的时间往往很有趣，因为像罗丹（她研究过幼儿食物偏好的形成）和阿加（他是将新"违禁"药物引入美国的专家）可以给我们其他人介绍许多可能有用的知识，以丰富我们的思维方式。

235

有一段时间，会议总体上还是挺有意思，算是与志同道合的朋友和同事闲聊及交换想法的机会，但也仅此而已。几年后，国家研究委员会突然要求委员会提交一份关于大麻"问题"的报告以及解决这一问题的建议方案，这无疑是来自更高一级的指示。

一些委员已经对大麻进行过研究（我、杜斯特和阿加等），或是对大麻问题有过深入的思考（如卡普兰），并准备利用这次机会改变大麻政策的谈论方式——甚至可能激发新的政策制定。于是，我们写了一份报告草稿并提交给了委员会主席，他说我们可以在下次全体会议时进行投票表决。

会议前夜，委员们都来到我们下榻的酒店聚会。我们中负责起草报告的人早预料到会遭遇异议，但谁也没想到的是，有几个从不参会的委员也出现在房间里并热烈讨论。他们并没有要完全否定报告草案（那会引发强烈的反应，天知道这会引起怎样的媒体报道），但他们坚持要求一个兄弟研究组织——医学研究所（Institute of Medicine）在适当的时候（也就是几年后）发布一份报告，对大麻吸食的相关医学文献进行广泛的审查。他们认为更明智的做法是让我们推迟报告的发布，直到等到获得该机构完整而详尽的评估。

第二天下午，卡普兰正式提交了我们的报告，并像一名经验丰富的审判律师那样（他曾经就是）提出具有说服力的案例。反对者可能是高估了他们自己，暗示医学研究所的报告将包含一些能明确说明大麻吸食的真实而广泛的危害的内容。主席路易斯·拉萨尼亚（Louis Lasagna）是一位备受尊敬的医生和药理学家，会议上的争论一直持续到他宣布自己听够了，他打算把报告带走并通宵阅读。由于对该报告的指控基于许多对大麻效用的绝对性结论，他要求反对者给他提供一份参考文献清单供他查阅依据。

第二天早上，拉萨尼亚回来了，他看起来神情严肃。我想我从来没有见过这么生气的人。他说，他对反对者给他的参考资料中证据的匮乏感到震惊。"如果我们将您在此处使用的推理和标准用于阿司匹林毒性的现有依据，我们就再也不能给别人开阿司匹林了。"这是他最精辟的驳斥之一。

该报告最终还是得以发布（National Research Council，1982），尽管发布该报告的组织没有进行宣传，没有新闻报道，没有发布会，也没有官方活动，但约翰·卡普兰把信息透露给了一些电视记者，所以到处流传着小道消息。至少，有少数联络紧密的各领域专家都知道，拉萨尼亚这位重要且备受尊敬的自然科学家明确表示，至少在当时并没有实际证据表明大麻会对使用者造成严重危害。在将来，任何严肃的科学家都很难说出这样的话——例如在向国会委员会作证这样的场合。

新一代人和他们所谈论的

我们要说的就只剩下也许可以称之为"普通民众"的讨论：这些普通公民并无特殊资质，但这使得他们的意见对决策者来说比其他任何人都更重要。重要的正是日常经验和常识告诉我们的东西。尽管这些人在调查中立场含糊，但重要的是，当他们给地方和国家官员投票以及在公投过程中，参与如大麻合法化这样的公共政策决策时，他们说的话都非常明确。我们可以说，他们的行动是舆论过程的最终产物。

这个版本的舆论从来没有像科学家的意见那样具有特定分量，毕竟科学家们可以在如大麻吸食引起的危害（或无危害）等问题上发表权威意见。但舆论在听取专家的意见后会作出任意解读，而这样的解读可能并不是专家的本意。公众的结论也不时会产生一些结果，例如最终相对迅速的大麻使用合法化。我自己拒绝对此承担责任。我认同这个结果，但却不能将此归功于自己。

我们在谈论舆论的变化时，永远不能将自己的论点建立在波士顿审判和国家研究委员会留下的那种书面证据之上。因此，从这里开始，我所说的一切都必然是推测性的。事实可能并非如此，但我认为这是对美国大麻合法化之路最后阶段的合理解释。

二战后的一代人与他们的前辈有一个重要的不同（对于我们在这里讲的故事而言）。我不知道是因为什么原因，这一代人比他们的父辈们更常随意吸食大麻。例如，许多从事普通职业的人都曾干过音乐行业（和我一样），并在那里遇见吸食大麻的人，也和我一样因此学会了吸食大麻。当自己有了一手的大麻体验后，他们就无法再被耸人听闻的言论劝退了。日后（这有点讽刺意味）成为国家药物滥用研究所负责人的查尔斯·舒斯特［Charles R.（Bob）Schuster］，在他做过的爵士乐手工作中吸取了教训，并用他自己的大麻吸食经历和他所见过的海洛因吸食者来提醒自己，以去关注有趣的研究问题（Campbell，2007，pp.188—191）。

其实，得出类似的结论并不需要"专家"。我和鲍比·莱恩（Bobby Laine）共事了一年零几个月，他不是个优秀的萨克斯手，却是一名很出色的歌手。我为了能给他的演唱伴奏而忍耐了他的萨克斯演奏。鲍比的另一个缺点就是酗酒，因此他的演奏从凌晨一点左右开始就每况愈下（我们一直演奏到凌晨四点），但他的演唱仍然很精彩，我依旧可以为他伴奏。鼓手和我不喝酒，但如果俱乐部老板坚持说有客人请乐队成员喝一杯的话，我们有时也会点杯喝的。但我们吸过很多大麻。鲍比对我们进行了观察，并将我们的行为和与他共事过的酗酒者进行比较。几周后，他认真地向我们作出陈述："我一直在观察你们，听你们说话。你们真的是满嘴胡言。但是……我们工作的时候你们不会晕倒，也不会从舞台上摔下来。"（一天晚上我们正是这样失去了一名小号手）"所以从现在开始，我不会再雇用酒鬼了，只雇吸大麻的。"

早些年，权威专家的一些言论可能会引起安斯林格缉毒局特工的到访。海特-阿什伯里免费医疗诊所的戴维·史密斯经常告诉那些担心孩子已经或可能吸食大麻的父母，任何到十几岁还没有吸过大麻的孩子都应该接受社交孤立的治疗。并且他说的这些话都是认真的。

到了今天，当我与朋友、邻居闲聊时，合法化的大麻似乎不再是一个重要话题，既不令人兴奋，也不让人担心，不会引起太大的谈论热情。不少在其他方面看似传统的人曾告诉我，大麻医用合法

238

化以来，他们就立即开始找医生为他们开处方，并从那以后一直这么用着（我从未问过他们在享受合法化带来的便利前做过什么）。

但我知道的最相关的事情都是人尽皆知的：

● 许多州已将大麻的医用合法化，其中越来越多的州也将大麻的娱乐性使用合法化；

● 大量大麻生产商和销售商开设了商店，并且生意与其他零售业务一样好；

● 各州和城市正在根据预期的合法大麻市场调整其预期收入和支出的财务计划，预计税收将大幅增长；

● 这些变化所涉及的所有人的行动都出现在我阅读的日报金融版块，而不是轻度犯罪的报道中；

● 常被预期出现的犯罪、车祸和其他不良结果的异常增长并未发生。

非营利性民意调查机构皮尤研究中心多次调查了人们对大麻使用的态度。由于没有任何关于真正形成舆论的人们日常闲聊的数据，我可以引用下面这些数字：

根据皮尤研究中心的一项调查，大约十分之六的美国人（61%）表示大麻的使用应该合法化，这反映了过去十年大麻合法化支持率的稳步增长。该调查于［2017年］10月进行，发现支持大麻合法化的美国成年人比例是57%，与约一年前相比几乎没有变化，但几乎是2000年（31%）的两倍（Geiger，2018）。

还记得受访者对格特鲁德·塞尔兹尼克的采访者的回答吗："你是否听到过反犹太人的言论？""你不知道现在已经没人这么说话了吗？"

大麻这个话题不像反犹主义那样敏感，但不难想象，许多人已意识到在发表反大麻言论时要小心谨慎地选择时机和地点，还有不少人在表示支持大麻合法化时已不再像过去那样小心翼翼。

我没有证据来支持这些不够精确的观察。我之前也不知道我会 240 需要用到这样的证明。因此，请谨慎对待我以上所写的内容。你们自己也可以检验一下它们，听听人们是如何谈论大麻的，并想想一个通情达理的人会对大麻说些什么，是赞成还是反对。这可能是对舆论的最佳定义。

因为那种普通的、日常的舆论——你期望听到的那些话，你期望能说且不会引起争论，也不必担心伤害他人感情或获得古怪名声的那些话——逐渐开始容忍了对"问题"的不同意见。你可以在有关大麻合法化的州立公投中投赞成票或反对票，这引起的争论也不会比你投票给谁做州财政部长更多。

此外——这可能是公众对大麻看法发生变化的最明确迹象——两个重要组织已经进入了这个政治舞台，它们资金充足、组织良好、受人尊敬，不论你是否同意，它们都会继续存在下去。全国大麻法律改革组织（the National Organization to Reform the Marijuana Laws，NORML）成立于 1972 年，它提倡像对待酒精、烟草和其他娱乐性物质一样对待大麻。复杂的联邦、州和市监管制度会确保该组织在未来几年内都有大量工作要做（在这里我不得不承认，我是该组织原董事会的成员，但五年后被要求辞职，因为我在此期间从未参加过一次会议）。

药品政策联盟（The Drug Policy Alliance）是同类机构的更大规

模的版本。在乔治·索罗斯(George Soros)开放社会基金会的资金和组织支持下,药品政策联盟在世界范围内,特别是在美国毒品政策的持续演变中为各种干预措施支付费用——尤其是法律干预。在我写这篇文章的时候,它的工作重点是赢得大麻合法化的立法胜利,并试图消除美国多年来严厉的反毒品法律所造成的结果——这些法律曾将许多人送进监狱。

如何研究舆论:最后的一些想法

以上是关于我如何理解所谓大麻舆论的形成的长篇故事。我们可以从中得到什么启示?

我们能发现的最重要的一点是,无人能将一个国家民众在观念和行为上的巨大转变归于某个单独的决定性原因。每一个所谓的"原因"本身都是由许多事件引起的,其中的每一个事件都有别的可能性,或是根本不发生。因果链无休止地延伸到过去。如果路易斯·拉斯尼亚在那天晚上有比翻阅大麻文献更重要的事情要做呢?要是乔治·索罗斯对大麻合法化不感兴趣呢?如果我没有写出那篇发表于1953年的论文,也没有用"使用"一词代替"滥用"呢?之后几年发生的一切会由此不同吗?

并不会。如果这些具体的事件都没有发生,事情可能迟早都会发展到最终的地步。

例如,如果加州第一次大麻合法化的公投失败,那么支持者是否会因受挫而不再尝试?也许会。但事实并非如此。支持者又再次作了尝试(另一系列可能以不同方式结束的事件),一些选民在2016年时似乎已经意识到,2012年就已有这么多人投"赞同"票,大麻显然是未来趋势的一部分，他们也不妨加入其中。

这就是所发生的事情吗？是的。但我们不确定，也永远不能确定。更确切地说，我们可以知道，但不是通过衡量舆论的标准方法。

一个有趣的民意调查变体体现在一个名为"大众观察"（Mass-Observation）的英国组织中。它显示了可能的情况：

> "大众观察"旨在通过一个由大约 500 名未经训练的志愿 242
> 者组成的观察小组来记录英国的日常生活，他们要么一直写日
> 记，要么回答开放式问卷（被称为指令）。他们还付费让调查员
> 匿名记录人们在街头工作和各种公共场合的谈话和行为，包括
> 公共集会、宗教活动和体育赛事。（维基百科及其引文；Becker
> and Dedijer，2017）

如果你在日常生活中对普通人进行这种大规模的观察，你可能会听到一些话能揭示他们的想法，但那可能是他们不愿透露给不熟悉的人的言论，例如陌生的调查采访者。而这就是我们觉得可以作为舆论依据的言论。

我想我能把本章前面谈到的哈里斯·伊斯贝尔和路易斯·拉萨尼亚事件称为大众观察组织所使用方法之一，它并不适用于普通大众，而是适用于两个较小的专业人士群体，他们以这种身份聚在一起讨论大麻。我也认为，我观察到的事件通过帮助塑造行政和立法环境中的言论和行为，确实影响了非专业公众的普遍言论的发展。

这样一来，如影响其他话题一样，专家的权威性言论会影响个人对大麻的看法。我在两种安静的专业场合中听到，专家顶着名誉岌岌可危的风险，去公开说大麻是一种危险药物，而当我听到他们被迫承认事实上没有证据可以证明那些陈述时，我意识到了问题的

严重性。从那时起，每当他们谈论大麻的危害时，他们都会冒着自己的言论被引用来反驳他们的风险。他们也知道这一点。因此，公众后来不会再听到这些人曾经例行发表的负面说辞。

243 　　这个漂亮的研究模型存在一个重大问题。我们永远不会预先知道像我有幸见证的揭露性事件会在何时发生。你不能设计一个研究项目来记录未知的事件，你只能希望自己在它们发生时在场。我之所以能瞥见历史的形成，是因为我满怀好奇心地接受邀请与其他学科的人在一起交流，从而道听途说到那些领域内以或公开或隐蔽的方式上演的政治。我想宗旨就是对看似不怎么有趣的机会说"是"，然后记录下发生的一切！

　　我最后再说几句。我希望已经说服了你，我说自己不是大麻合法化的原因时并非故作谦虚。我希望你已经同意了这点，并且如果你还认为一个社会科学模型有责任去推动社会变革，你也可能要作好准备去质疑这种责任。希望我们知道如何做到！

参考文献

Abbott，Andrew. 2001. *Chaos of Disciplines*. Chicago：University of Chicago Press. pp.60—61.

Akers，Ronald L. 1968. "Problems in the Sociology of Deviance：Social Definitions and Behavior." *Social Forces* 46 （June）：455—465.

Alvarez，Rodolfo. 1968. "Informal Reactions to Deviance in Simulated Work Organizations：A Laboratory Experiment." *American Sociological Review* 33 （December）：895—912.

Becker，Howard S. 1982 （2008）. *Art Worlds*. Berkeley：University of California Press.

———. 1963. *Outsiders：Studies in the Sociology of Deviance*. New York：The Free Press of Glencoe.

———. 2017. *Evidence*. Chicago：University of Chicago Press.

Becker，Howard S. 1967. "Whose Side Are We On？" *Social Problems* 14 （Winter）：239—247.

——— and Stefan Dedijer. 2017. "Counter-Establishment R&D，" *International Journal of Communication* 11.

——— and Irving Louis Horowitz. 1972. "Radical Politics and Sociological Research：Observations on Methodology and Ideology." *American Journal of*

Sociology 78（July）：48—66.

———— and Mack, Raymond W. 1971. "Unobtrusive Entry and Accidental Access to Field Data." Unpublished paper presented at a conference on Methodological Problems in Comparative Sociological Research, Institute for Comparative Sociology, Indiana University.

Benabud, A. 1957. "Psycho-pathological Aspects of the Cannabis Situation in Morocco: Statistical Data for 1956," *United Nations Bulletin on Narcotics*, IX（Oct.—Dec.）.

Biderman, Albert D. and Reiss, Albert J., Jr. 1967. "On Exploring the Dark Figure." *The Annals* 374（November）：1—15.

Bittner, Egon and Garfinkel, Harold. 1967. "'Good' Organizational Reasons for 'Bad' Clinic Records." In Harold Garfinkel, *Studies in Ethnomethodology*. Englewood Cliffs, NJ: Prentice-Hall.

Blumer, Herbert. 1948. "Public Opinion and Public Opinion Polling." *American Sociological Review* 13（October）：542—554.

————. 1966. "Sociological Implications of the Thought of George Herbert Mead." *American Journal of Sociology* 71（March）：535—544.

————. 1967. "Threats from Agency-Determined Research: The Case of Camelot." In Irving Louis Horowitz, editor, *The Rise and Fall of Project Camelot*. Cambridge, MA: M.I.T. Press. pp.153—174.

————. 1969. "The Methodological Position of Symbolic Interactionism." In his *Symbolic Interactionism*. Englewood Cliffs, NJ: Prentice-Hall. pp.1—60.

Bordua, David. 1967. "Recent Trends: Deviant Behavior and Social Control." *The Annals* 369（January）：149—163.

Campbell, Nancy. 2007. *Discovering Addiction: The Science and Politics of Drug Addiction Research*. Ann Arbor: University of Michigan Press.

Campbell, Nancy, JP Olsen, and Luke Walden. *The Narcotic Farm: The Rise and Fall of America's First Prison for Drug Addicts*. New York: Abrams, 2008.

Cicourel, Aaron. 1968. *The Social Organization of Juvenile Justice*. New York: John Wiley and Sons.

Cohen, Albert K. 1968. "Deviant Behavior." In *International Encyclopedia of the Social Sciences*, Volume 4, pp.148—155.

Cohen, Albert K. 1965. "The Sociology of the Deviant Act: Anomie Theory and Beyond." *American Sociological Review* 30 (February): 5—14.

———. 1966. *Deviance and Control*. Englewood Cliffs, NJ: Prentice-Hall.

Cohen, Stanley, editor. 1971. *Images of Deviance*. Baltimore: Penguin Books.

Cole, Stephen. 1975. "The Growth of Scientific Knowledge: Theories of Deviance as a Case Study." In *The Idea of Social Structure: Papers in Honor of Robert K. Merton*, edited by Lewis Coser. New York: Harcourt Brace Jovanovich. pp.175—220.

Committee on Substance Abuse and Habitual Behavior National Research Council (US). 1982. *An Analysis of Marijuana Policy*. Washington DC: National Academies Press (US).

Dalton, Melville. 1959. *Men Who Manage*. New York: John Wiley and Sons.

Douglas, Jack D. 1967. *The Social Meanings of Suicide*. Princeton, NJ: Princeton University Press.

———. 1970. "Deviance and Respectability: The Social Construction of Moral Meanings." In Jack D. Douglas, editor, *Deviance and Respectability*. New York: Basic Books, Inc.

Edel, Abraham. 1955. *Ethical Judgment: The Uses of Science in Ethics*. New York: The Free Press of Glencoe.

Erikson, Kai T. 1966. *Wayward Puritans*. New York: John Wiley and Sons.

Galliher, John F. , David P. Keys, and Michael Elsner. 1998. "Lindesmith V. Anslinger: An Early Government Victory in the Failed War on Drugs." *The Journal of Criminal Law and Criminology* 88, Winter: 661—682.

Galtung, Johan. 1965. "Los Factores Socioculturales y el Desarrollo de la Sociología en América Latina." *Revista Latino-americana de Sociologia* 1 (March).

Garfinkel, Harold. 1967. *Studies in Ethnomethodology*. Englewood Cliffs, New Jersey: Prentice-Hall.

Geiger, Abigail. 2018. "About Six-in-Ten Americans Support Marijuana Legalization." *Fact Tank: News in the Numbers* (January 5).

Gibbs, Jack. 1966. "Conceptions of Deviant Behavior: The Old and the New." *Pacific Sociological Review* 9 (Spring): 9—14.

Goffman, Erving. 1961. *Asylums*. Garden City: Doubleday.

Goode, Erich. 1970. *The Marihuana Smokers*. New York: Basic Books, Inc.

Goode Erich. 2002. "Does the death of the sociology of deviance claim make sense ?" *American Sociologist*. 3: 107—118.

———. 1975. "On Behalf of Labeling Theory." *Social Problems* 22: 570—583.

Gouldner, Alvin W. 1968. "The Sociologist as Partisan: Sociology and the Welfare State." *The American Sociologist* 3 (May): 103—116.

Gove, Walter. 1970a. "Societal Reaction as an Explanation of Mental Illness: An Evaluation." *American Sociological Review* 35 (October): 873—884.

Gove, Walter. 1970b. "Who Is Hospitalized: A Critical Review of Some Sociological Studies of Mental Illness." *Journal of Health and Social Behavior* 11 (December): 294—303.

Grattet, Ryken. 2011. "Societal Reactions to Deviance," *Annual Review of Sociology* 37: 185—204.

Gusfield, Joseph. 1963. *Symbolic Crusade*. Urbana: University of Illinois Press.

Habenstein, Robert W., editor. 1970. *Pathways to Data: Field Methods for Studying Ongoing Social Organizations*. Chicago: Aldine Publishing Co.

Horowitz, Irving Louis and Liebowitz, Martin. 1968. "Social Deviance and Political Marginality: Toward a Redefinition of the Relation Between Sociology and Politics." *Social Problems* 15 (Winter): 280—296.

Humphreys, Laud. 1970. *Tearoom Trade*. Chicago: Aldine Publishing Co.

Kaplan, John. 1970. *Marihuana: The New Prohibition*. New York: World Publishing Co.

Katz, Jack. 1972. "Deviance, Charisma and Rule-Defined Behavior." *Social Problems* 20 (Winter): 186—202.

Kitsuse, John I. 1962. "Societal Reaction to Deviant Behavior: Problems of Theory and Method." *Social Problems* 9 (Winter): 247—256.

Kitsuse, John I. and Cicourel, Aaron V. 1963. "A Note on the Uses of Official Statistics." *Social Problems* 11 (Fall): 131—139.

Kuhn, Thomas. 1970. *The Structure of Scientific Revolutions*. Chicago: University of Chicago Press.

Lemert, Edwin M. 1951. *Social Pathology: A Systematic Approach to the Theory of Sociopathic Behavior*. New York: McGraw-Hill Book Co.

————. 1972. *Human Deviance, Social Problems, and Social Control*. 2nd edition. Englewood Cliffs, NJ: Prentice-Hall, Inc.

Liazos, Alexander. 1972. "The Poverty of the Sociology of Deviance: Nuts, Sluts, and Preverts." *Social Problems* 20 (Winter): 103—120.

Lindesmith, Alfred R. 1968. *Addiction and Opiates*. Chicago: Aldine Publishing Co.

————. 1947. *Opiate Addiction*. Bloomington, IN: Principia Press.

Lorber, Judith. 1967. "Deviance and Performance: The Case of Illness." *Social Problems* 14 (Winter): 302—310.

Mankoff, Milton. 1970. "Power in Advanced Capitalist Society." *Social Problems* 17 (Winter): 418—430.

Mankoff, Milton. 1968. "On Alienation, Structural Strain, and Deviancy." *Social Problems* 16 (Summer): 114—116.

Matza, David. 1969. *Becoming Deviant*. Englewood Cliffs, NJ: Prentice-Hall, Inc.

Mead, George Herbert. 1934. *Mind, Self and Society*. Chicago: University of Chicago Press.

Mechoulam R. and Y. Shvo. 1963. "The structure of cannabidiol." *Tetrahedron* 19: 2073—2078.

Merton, Robert K., and Robert A. Nisbet. 1976. *Contemporary Social Problems*. New York: Harcourt Brace & World.

Messinger, Sheldon L. 1969. "Strategies of Control." Unpublished Ph.D. dissertation, University of California at Los Angeles.

Mills, C. Wright. 1956. *The Power Elite*. New York: Oxford University Press.

National Academy of Sciences, Engineering, and Medicine. 2017. *The health effects of cannabis and cannabinoids: The current state of evidence and recommendations for research*. Washington, DC: The National Academies Press.

Ogburn, William F., and Meyer F. Nimkoff. 1958. *Sociology*. Boston: Houghton Mifflin and Company.

Park, Robert E., and Ernest W. Burgess. 1921. *Introduction to the Science of Sociology*. Chicago: University of Chicago Press.

Ray, Marsh. 1961. "The Cycle of Abstinence and Relapse among Heroin

Addicts." *Social Problems* 9 （Fall）: 132—140.

Roy, Donald. 1954. "Efficiency and the 'Fix': Informal Intergroup Relations in a Piecework Machine Shop." *American Journal of Sociology* 60 （November）: 255—266.

Scheff, Thomas J. 1966. *Being Mentally Ill*. Chicago: Aldine Publishing Co.

Schur, Edwin M. 1969. "Reactions to Deviance: A Critical Assessment." *American Journal of Sociology* 75 （November）: 309—322.

Selby, Henry. *A Zapote Deviance: The Convergence of Folk and Modern Sociology*. Austin: University of Texas Press, 1974.

Short, James F., Jr. and Strodtbeck, Fred L. 1965. *Group Process and Gang Delinquency*. Chicago: University of Chicago Press.

Skolnick, Jerome. 1969. *The Politics of Protest*. New York: Ballantine Books.

Strauss, Anselm L. et al. 1964. *Psychiatric Ideologists and Institutions*. New York: The Free Press of Glencoe.

Szasz, Thomas S. 1965. *Psychiatric Justice*. New York: Macmillan.

Szasz, Thomas S. 1967. "The Psychiatrist as Double Agent." *Trans-Action* 4 （October）: 16—24.

Tannenbaum, Frank. 1938. *Crime and the Community*. New York: Ginn and Co.

Thomas, W.I., and Dorothy Swaine Thomas. 1928. *The Child in America: Behavior Problems and Programs*. New York: Knopf.

Velho, Gilberto. 1976. "Accusations, Family Mobility and Deviant Behavior." *Social Problems* 23: 268—275.

———. 1978. "Stigmatization and Deviance in Copacabana." *Social Problems* 25: 526—530.

Weil, Andrew T., et al. 1968. "Clinical Psychological Effect of Marihuana in Man." *Science*, no. December 13, 1968: 1235—1238.

Young, Kimball and Mack, Raymond W. 1965. *Sociology and Social Life*. New York: American Book Co.

索 引

本索引中的页码为原书页码，即本书边码。n 指本书注释。

239

图书在版编目(CIP)数据

局外人:越轨的社会学研究/(美)霍华德·贝克
尔(Howard S. Becker)著;张默雪译.—上海:上
海人民出版社,2024
书名原文:Outsiders：Studies in the Sociology
of Deviance
ISBN 978 - 7 - 208 - 18393 - 3

Ⅰ.①局… Ⅱ.①霍… ②张… Ⅲ.①越轨社会学-
研究 Ⅳ.①C91

中国国家版本馆 CIP 数据核字(2023)第 151273 号

责任编辑 于力平
封面设计 林　林

局外人:越轨的社会学研究

[美]霍华德·贝克尔 著

张默雪 译

出　　版　上海人民出版社
　　　　　(201101　上海市闵行区号景路 159 弄 C 座)
发　　行　上海人民出版社发行中心
印　　刷　苏州工业园区美柯乐制版印务有限责任公司
开　　本　635×965　1/16
印　　张　16.75
插　　页　3
字　　数　194,000
版　　次　2024 年 3 月第 1 版
印　　次　2024 年 3 月第 1 次印刷
ISBN 978 - 7 - 208 - 18393 - 3/C·690
定　　价　78.00 元

MINERVA

· 密涅瓦 ·

大师经典

《社会学的基本概念》	[德] 马克斯·韦伯 著	胡景北 译
《历史的用途与滥用》	[德] 弗里德里希·尼采 著	
	陈 涛 周辉荣 译	刘北成 校
《奢侈与资本主义》	[德] 维尔纳·桑巴特 著	
	王燕平 侯小河 译	刘北成 校
《社会改造原理》	[英] 伯特兰·罗素 著	张师竹 译
《伦理体系：费希特自然法批判》		
	[德] 黑格尔 著	翁少龙 译
《理性与生存——五个讲座》		
	[德] 卡尔·雅斯贝尔斯 著	杨 栋 译
《战争与资本主义》	[德] 维尔纳·桑巴特 著	晏小宝 译
《道德形而上学原理》	[德] 康 德 著	苗力田 译
《论科学与艺术》	[法] 让-雅克·卢梭 著	何兆武 译
《对话录》	[英] 大卫·休谟 著	张连富 译

人生哲思

《论人的奴役与自由》	[俄] 别尔嘉耶夫 著	张百春 译
《论精神》	[法] 爱尔维修 著	杨伯恺 译
《论文化与价值》	[英] 维特根斯坦 著	楼 巍 译
《论自由意志——奥古斯丁对话录二篇》（修订译本）		
	[古罗马] 奥古斯丁 著	成官泯 译
《论婚姻与道德》	[英] 伯特兰·罗素 著	汪文娟 译
《赢得幸福》	[英] 伯特兰·罗素 著	张 琳 译

《论宽容》 [英] 洛克 著 张祖辽 译
《做自己的哲学家：斯多葛人生智慧的 12 堂课》
[美] 沃德·法恩斯沃思 著 朱嘉玉 译

社会观察

《新异化的诞生：社会加速批判理论大纲》
[德] 哈特穆特·罗萨 著 郑作彧 译
《不受掌控》 [德] 哈特穆特·罗萨 著
郑作彧 马 欣 译
《部落时代：个体主义在后现代社会的衰落》
[法] 米歇尔·马费索利 著 许轶冰 译
《鲍德里亚访谈录：1968—2008》
[法] 让·鲍德里亚 著 成家桢 译
《替罪羊》 [法] 勒内·基拉尔 著 冯寿农 译
《吃的哲学》 [荷兰] 安玛丽·摩尔 著 冯小旦 译
《经济人类学——法兰西学院课程（1992—1993）》
[法] 皮埃尔·布迪厄 著 张 璐 译
《晚期现代社会的危机——社会理论能做什么？》
[德] 安德雷亚斯·莱克维茨
[德] 哈特穆特·罗萨 著 郑作彧 译
《局外人——越轨的社会学研究》
[美] 霍华德·贝克尔 著 张默雪 译
《如何思考全球数字资本主义？——当代社会批判理论下的哲学反思》
蓝 江 著